Florencia Abella

ASADO

Die argentinische Art zu grillen

65 Rezepte von
Chorizo bis Costilla

CHRISTIAN

PARRILLA
FUNDADA 1992
LA BRIGADA
Aniversario
Un Clásico de Buenos Aires
POR LA OTRA PUERTA
GRACIAS
LA BRIGADA

INHALT

verisure
Alarma

QUIETLIFE

Nacida del Fuego
Aus dem Feuer geboren

Ich verließ Argentinien, um mehr über die verschiedenen Zubereitungsarten von Speisen zu lernen. Daraus wurde eine Bildungsreise, die mich zu einigen der besten Küchen der Welt führte – es begann mit ein paar Monaten auf der spanischen Hazienda Benazuza, wo ich Einblicke in die Molekulargastronomie gewann. Daraufhin verbrachte ich einige Jahre bei El Racó de Can Fabes außerhalb von Barcelona. Ich war davon fasziniert, das überwiegend Jäger und Bauern aus der Umgebung zu den Lebensmittellieferanten des Restaurants zählten. Außerdem ermöglichten mir neue Kontakte aus dieser Zeit, selbst in die Branche einzusteigen und ein Restaurant in Dubai zu eröffnen. In einem Restaurant im Piemont konnte ich Feldstudien der feinsten italienischen Rohwaren betreiben, bei Nihonryori Ryugin in Tokio erforschte ich die mit drei Sternen dekorierte japanische Geschmacks-Ästhetik und bei Esperanto in Stockholm kunstvolles schwedisches *fine dining*. Ich danke meiner Schwester dafür, dass ich an all diesen Orten, zu denen mich das Kochen geführt hat, Zeit verbringen konnte – denn sie war es, die mich davon überzeugte, dass in diesem Beruf meine wahre Leidenschaft liegt.

Wenn ich an meine Kindheit in Campana zurückdenke, ein Vorort von Buenos Aires, der genau dort liegt, wo die Stadt in die Ebene übergeht, erinnere ich mich an den Geruch in dem kleinen Geschäft, in dem wir das Fleisch für das Asado gekauft haben. Bei uns zu Hause hat Papa gegrillt. Er stand stundenlang neben der warmen *parrilla* (spanisch für Grill), während sich Freunde und Familie im Garten tummelten. Bei meinen Großeltern allerdings war es Oma, die das Feuerholz anzündete, die Glut verteilte und das Fleisch wendete. Gnade demjenigen, der die Arbeit des Grillmeisters kommentierte – lediglich ein herzlicher Applaus, wenn alles bereit war, war erwünscht!

Beim Asado dreht es sich nicht nur ums Essen, sondern vor allem um das Zusammensein. Das können nur Sie und ein Freund sein, oder die komplette Nachbarschaft und alle, die Sie kennen, aber das Gefühl dabei ist immer dasselbe: Wir sitzen jetzt beisammen und haben alle Zeit der Welt. Alles dauert so lange, wie es dauert. Kein Stress. Einige kommen zu früh, andere zu spät und alle sind willkommen.

In diesem Buch möchte ich Ihnen zeigen, wie Sie Ihr eigenes Asado machen können. Ich selbst habe es dadurch gelernt, dass ich danebenstand und mir die vielen kleinen Handgriffe und Techniken abgeguckt habe, die ein Asado zu mehr machen als nur grillen. Heute bin ich Küchenchefin bei Ekstedt in Stockholm, ein Restaurant, in dem jedes Essen mit Feuer, Glut und Rauch zubereitet wird. Es fühlt sich an, als wäre ich zu meinen Wurzeln zurückgekehrt, und ich kann all das anwenden, was ich während meiner Kindheit vom Asado gelernt habe.

Ich hoffe, dass Sie dieses Buch inspiriert, Speisen auf argentinische Art zuzubereiten. Übrigens lässt sich alles, was man über die Zubereitung von Fleisch lernt, auch für Fisch und Gemüse anwenden. Und denken Sie daran: Am Ende sind es die kleinen Details, die einen großen Unterschied machen.

CURIO

CAFFE
CAFFE

TECHNIK

Das Wort Asado hat zwei Bedeutungen: Es bezeichnet sowohl die Technik, mit der Lebensmittel zubereitet werden, als auch eine Form von sozialem Miteinander, das sich um ein Feuer abspielt. Und das Beste von allem ist, dass man ganz einfach loslegen kann. Sie benötigen keinen hoch entwickelten Grill oder eine besondere Ausrüstung. Etwas Grundwissen, ein Feuer, ein Spieß und ein Stück Fleisch reichen aus. Es liegt gerade an diesen simplen Komponenten, dass Asado vor Hunderten von Jahren in den weiten Ebenen Argentiniens entstanden ist. Egal ob Sie rustikales Grillen wie damals mögen oder Sie lieber eine exklusive *parrilla* mit Spezialfunktionen kaufen – Asado kann magisch sein, egal welchen Weg man wählt.

Asado eignet sich hervorragend, um Essen für viele Personen zuzubereiten. Hier wird Fleisch für eine Hochzeit gegrillt. Man kann dafür sämtliche Stücke eines Tieres servieren, auch die größeren, sodass die Gäste von allem etwas probieren können. Chorizo und *morcilla* (eine Art Blutwurst) sollten jedoch am besten in kleinen Portionen zubereitet werden.

historia & cultura
Geschichte & Kultur

Länder werden oft mit abgegriffenen Klischees beschrieben, aber es gibt einen Grund dafür, dass Tango, Fußball und Rotwein zu Symbolen für Argentinien geworden sind – sie stehen für Liebe und Gefühl, Freude und Ernsthaftigkeit. Genau um diese Themen geht es auch in diesem Buch. Wenn man es überspitzt formuliert, bedeutet Asado, einen Grill anzuzünden, um dann verschiedene kleine Fleischstücke zuzubereiten. Aber ich werde Ihnen zeigen, dass noch viel mehr dahintersteckt, nämlich ein Gefühl für Zusammengehörigkeit und eine Tradition, die mich und meine Landsleute verbindet.

Die Geschichte des Asado, wie wir es heute kennen, hat ihren Ursprung im 16. Jahrhundert, als spanische Konquistadoren die Rinderrasse Turdetano in Südamerika einführten. Die argentinische Steppenlandschaft bot den Tieren perfekte Voraussetzungen, sich allein in der Wildnis zurechtzufinden, und im 18. Jahrhundert grasten Millionen von Rindern in der Pampa, von denen viele zu keiner Ranch gehörten. Ungefähr ein Jahrhundert später wurden britische Rinder wie Angus und Hereford importiert und der sagenumwobene Gaucho arbeitete mit dem Vieh zu Pferd. Wenn die Gauchos hungrig waren, schlachteten sie ein Tier und befestigten das Fleisch auf einem vertikalen Metallgerüst neben dem Feuer. Das Gerüst hatte oft eine Kreuzform und es wird noch heute zum Grillen ganzer Tiere verwendet.

Asado wurde über viele Jahre von den Gauchos auf dem Land entwickelt und wurde erst später in den großen Städten populär, wo Fleisch auf einer *parrilla*, einem horizontalen Grill, zubereitet wurde statt auf dem vertikalen Metallgerüst wie bei den Gauchos. Einwanderergruppen aus der Arbeiterklasse in Buenos Aires bevorzugten die Innereien und der horizontale Grill erleichterte deren Zubereitung. Es gab keinen ausländischen Absatzmarkt für Innereien, Würste und andere kleine Fleischstücke, weshalb diese hauptsächlich von der einheimischen Bevölkerung gegessen wurden.

Heute gibt es viele *parrilla*-Restaurants im Land und auch unter den Argentiniern ist Asado eine gelebte Tradition.

Asado gibt es natürlich auch in anderen südamerikanischen Ländern. In Uruguay ist es ebenfalls ein Kulturgut. Welches Land die bessere *chimichurri* macht, lassen wir mal dahingestellt. In Chile wird beim Asado eine ähnliche Sauce serviert, die *pebre* genannt wird. Das brasilianische Gegenstück zum Asado ist *churrasco*, wofür das Fleisch gerne auf kräftige Spieße gesteckt wird.

» Es gibt eine wirklich große Anzahl *parrilla*-Restaurants in Argentinien und Don Julio gilt bei vielen als das beste des Landes. Dort wird nicht nur auf das Fleisch großer Wert gelegt, sondern auf alles andere ebenfalls, etwa wie der Wein oder das verwendete Gemüse angebaut wurde.

Das Angebot einer typischen *parrilla*-Eckkneipe – ein Mix aus kleineren Hühnchenteilen, Innereien, Fleisch und Wurst. Alles wird auf einer großen *parrilla* zubereitet und zum Servieren auf einen kleineren Holzkohle-Tischgrill zum Warmhalten gelegt.

asado en casa
Asado zu Hause

Ein Asado kann selbstverständlich so klein oder so groß sein, wie Sie es möchten. Bei einem traditionellen Asado kann die Mahlzeit in einzelne Komponenten aufgeteilt werden, die immer in einer bestimmten Reihenfolge serviert werden. Das Wichtigste ist, dass dabei keine Hektik aufkommt. Das Essen ist fertig, wenn es fertig ist, man verbringt gemeinsam Zeit miteinander und trinkt solange Mate, ein Glas Wein oder einen Aperitif.

Ein Asado ähnelt in vielerlei Hinsicht einem Ritual. Ein Brauch, der die Kultur prägt und der Teil des sozialen Kitts ist, der eine Gruppe von Menschen zusammenhält. Dass alle wissen, was sie erwartet, schafft Sicherheit und ein Zusammengehörigkeitsgefühl. Die Frage danach, wann ein Asado stattfinden sollte, ist leicht zu beantworten – sobald es etwas zu feiern gibt! Ein Asado ist immer auch ein festliches Ereignis.

Meistens kennt der Asador einer Familie kleine Kniffe und Geheimnisse, die an die nächste Generation weitergegeben werden, aber abgesehen von der Handhabung ist die Fleischqualität die wichtigste Konstante. Manchmal hört man, dass bei einem Asado eine fast schockierende Menge an Fleisch gegessen wird. Allerdings finde ich es wichtig, sich in Erinnerung zu rufen, dass ein Asado etwas Besonderes und kein Alltagsessen und die Fleischmenge über einen ganzen Tag lang verzehrt wird (ein Asado beginnt ja meist vor dem Mittag und dauert fast bis Mitternacht). Ich selbst esse nicht so oft Fleisch, aber wenn, dann achte ich auf gute Fleischqualität. Das Asado-Gebot lautet, dass alles außer der Haut gegessen wird – das Fleisch als solches muss respektiert werden und es sollen keine Teile weggeschmissen werden. Und natürlich darf auch das Gemüse nicht vergessen werden, das ebenfalls auf der *parrilla* landet.

Zuerst gibt es knusprigen *provoleta* (dicke Scheiben gegrillter Käse), gefolgt von der Blutwurst *morcilla*, die in Scheiben gegrillt wird. Nach *mollejas* (Kalbsbries) mit ein paar Spritzern Zitrone gibt es vielleicht knusprig gegrillte *chinchulines* (Rinderdärme) und *riñones* (Nieren). Gegrillte Chorizos werden in kleinen Baguettes mit *chimichurri* gegessen, sogenannte *choripanes*. Schließlich folgen eine Vielzahl sorgfältig ausgewählter Fleischstücke, dazu Salate und Gemüse.

Der Asador erhält einen Applaus zum Dank – ich fand es schon immer falsch, dass man bei der einzigen Mahlzeit, die ein Mann zubereitet, applaudiert. Es wäre doch schön, wenn auch die alltäglich von Frauen zubereiteten Mahlzeiten einen Applaus bekämen.

Descanso Los Alamos,
Canal Alem,
Provinz Buenos Aires

parrillas Argentinische Grilltypen

> Dies ist meine *parrilla* bei mir zu Hause, die ich im Internet bestellt habe. Die Höhe vom Rost über der Kohle lässt sich leicht einstellen und man kann die Kohle gut verteilen. Es gibt außerdem die Möglichkeit, Haken an der Stange aufzuhängen.
>
> Manchmal werde ich nach einem Gasgrill für ein Asado gefragt und dann merke ich, dass ich damit keine Erfahrung habe, denn für mich gibt es nur Kohle oder Holz.

Abgesehen von Kohle oder Holz braucht man eine Art Grill, eine *parrilla*. Das Einfachste wäre ein Rost auf Steinen über einem Feuer und das andere Extrem ein kunstvoll geschmiedeter und eingemauerter Grill. Das Prinzip ist allerdings das gleiche – das Feuer wird angezündet, gerne an einer Seite vom Grill, und wenn die Kohle dann glüht, wird sie unter dem Fleisch mit einem Spaten verteilt. Der Grillrost besteht oft aus v-förmigen Winkeleisen, die aneinandergeschweißt sind, damit das Fett ablaufen kann und nicht in die Glut tropft. Manche *parrillas* sind gemauert und haben einen richtigen Schornstein, damit der Rauch abziehen kann. Es ist sehr wichtig, dass das Abzugsrohr richtig konstruiert ist, mit einem leichten Absatz weiter oben, damit der Abzug effektiv funktioniert. Abgesehen von der horizontalen *parrilla* gibt es auch verschiedene Metallkreuze und Gestelle zum vertikalen Grillen. An denen wird das Fleisch befestigt und dann werden sie am Rand vom Feuer aufgestellt.

EINE PARRILLA KAUFEN

Im Internet gibt es eine Unmenge verschiedener argentinischer Grilltypen in unterschiedlichen Preisklassen. Auch wenn sie die Wörter *parrilla* oder Asado im Namen tragen, muss das nicht bedeuten, dass sie auch richtig funktionieren. Viel wichtiger ist, dass sie einen höhenverstellbaren Rost haben und eine separate Fläche für das Feuer. Einige Modelle sind frei stehend, andere sind nur Einsätze für diejenigen, die den Grill selbst einmauern möchten.

ASADO MIT ANDEREN GRILLTYPEN

Es ist möglich, einen ganz gewöhnlichen Kugelgrill für ein Asado zu verwenden, obwohl der Rost eines solchen Grills nicht höhenverstellbar ist. Eine der Asado-Grundregeln ist, dass die Zubereitung relativ langsam über nicht allzu heißer Glut erfolgen sollte. Um das mit einem Kugelgrill zu erreichen, kann man aus zwei Vorgehensweisen auswählen. Entweder legt man die gesamte Kohle auf eine Seite des Grills und nutzt die indirekte Hitze (neben der Kohle grillen). Die andere Möglichkeit besteht darin, bedeutend weniger Kohle zu verwenden, damit es nur eine dünne Glutschicht am Boden gibt und der Abstand zum Fleisch auf dem Rost ausreichend hoch ist. Nach und nach kann man dann nicht glühende Kohle dazugeben. Je größer der Kugelgrill, desto einfacher, aber auch ein kleiner funktioniert, wenn man immer nur wenig Fleisch gleichzeitig grillt.

Bei Verwendung eines Kugelgrills sollte man noch ein separates Feuer in der Nähe brennen haben, in dem man glühende Kohle erzeugt. Man sollte kein unangezündetes Holz direkt in einen Grill legen, wenn das Fleisch schon auf dem Rost liegt, weil es dann Flammen ausgesetzt sein könnte!

Sowohl in Europa als auch in Argentinien sind Keramikgrills mit Deckel beliebt. Auch mit ihnen kann man ein Asado zubereiten, doch der Rauchgeschmack ist etwas intensiver, und ich finde, man fühlt sich als Asador weniger gebraucht.

Dies ist die *parrilla* meiner Eltern in Campana. Man feuert auf einer Seite vom Grill an und bringt dann die Kohle auf die andere Seite. Die Steinwände drum herum sorgen dafür, dass der Grill die Temperatur gut hält. Auf der rechten Seite gibt es eine Kurbel, mit der man den Rost nach oben oder unten fährt.

Ein traditionelles *parrilla*-Restaurant mit einem Rost, der fast geschlossen ist und aus v-förmigen Stahlrinnen hergestellt ist, damit das Fett gesammelt wird und nicht in die Glut tropft.

Hier hängen größere Fleischstücke, die nach der Zubereitung noch ruhen müssen und gleichzeitig warm gehalten werden. Eine gute Methode für Restaurants, um möglichst viel Fleisch schon parat zu haben.

Bei Don Julio wird an drei Grillstationen mit höhenverstellbaren Rosten nebeneinander gearbeitet. Auf der Theke vor der *parrilla* liegt das Fleisch zum Temperieren.

Ein einfacher Grill aus einer Tonne, in dem der Rost auf Ziegelsteinen dicht über der Glut liegt. Selbst konstruierte *parrillas* sind in Argentinien sehr üblich.

Drei verschiedene Rostarten für die Zubereitung von großen Mengen. Damit kann der Asador das Fleisch von Rost zu Rost hin- und herschieben. Der Rost auf Rädern im Hintergrund kann je nach Bedarf über die Glut gerollt werden.

asado a leña
Asado mit Holz

Man sagt, ein Asado sei ein Tango mit dem Feuer, und in der Tat ist das Timing mit dem Feuer einer der wichtigsten Aspekte. Aus der Sicht der Gäste beginnt ein Asado mit einem Snack, aber der Asador selbst war natürlich schon viel länger beschäftigt. Wie und womit man anfeuert, ist genauso wichtig wie das Grillfleisch selbst. Zuerst muss man sich entscheiden, ob man mit Holz oder mit Kohle anfeuern will. Kohle brennt schneller und erzeugt kleinere Flammen. Holz hingegen sorgt für einen feinen Geschmack und eine rauchige Note.

Ein Unterschied zwischen dem Grillen mit Holz statt Kohle ist, dass Holz eine Rinde hat, die erst verbrannt sein muss, bevor das Fleisch gegrillt wird. Beim argentinischen Grillen vermeidet man zu große Flammen, bei Holz und bei Kohle, und Flammen, die durch in die Glut tropfendes Fett entstehen können. Es ist nicht ungewöhnlich, dass Holz und Kohle gleichzeitig verwendet werden.

HOLZWAHL

Die Wahl der Holzsorte hängt davon ab, was gegrillt werden soll, wie lange gegrillt wird und welches Aroma man erreichen will. Manche Holzsorten brennen länger und geben mehr Wärme ab als andere und manche sind gut zum Anfeuern, jedoch nicht zum Grillen. Ich mische oft Holzsorten je nach Bedarf. Beim Grillen in freier Natur kann man frisches Holz zuunterst legen, weil es nicht in direkten Kontakt mit dem Grillgut kommt. Wenn man zum Beispiel *empanadas* frittiert oder Kartoffeln auf einer Plancha gart, kann man jedes Holz verwenden, auch Holz mit Harz, denn die Speisen kommen bei dieser Zubereitungsart nicht direkt mit dem Holz in Berührung.

Unabhängig von der verwendeten Holzart ist es wichtig, dass das Holz trocken ist, keinen allzu intensiven frischen Duft hat und keine Grüntöne aufweist, sondern eher eine bräunliche Farbe hat. Das Holz soll trocken und fest sein, damit es leicht anzuzünden ist und nicht zu schnell herunterbrennt. Birke und Eiche eignen sich hierfür wunderbar. Die Birkenrinde lässt sich zum Anfeuern verwenden, muss aber komplett verbrannt sein, bevor die Lebensmittel auf den Grill gelegt werden. Kiefer eignet sich zwar auch, ist aber weniger ergiebig, weshalb man davon größere Mengen braucht.

Pro Kilo Fleisch braucht man ungefähr ein Kilogramm gutes Holz.

DAS BESTE ARGENTINISCHE HOLZ

Die Holzwahl der Argentinier hängt stark davon ab, wo man herkommt – aber noch wichtiger als die Holzsorte ist, dass das Holz trocken ist.

Espinillo (Acacia caven) und *piquillín (Condalia microphylla)*: langsame Zubereitung mit viel Rauch.

Quebracho blanco/colorado (Aspidosperma quebracho-blanco/-colorado): brauchen länger und werden zu feiner Kohle, empfehlenswert für große Fleischstücke.

Algarrobo (Samanea saman) und *roble (Amburana cearensis)*: gut zu bekommen und anzuzünden.

> Das Wichtigste beim Anfeuern ist Luft zwischen den Holzstücken und dass das Feuer nicht Wind und Zugluft ausgesetzt ist. Das Holz muss so aufbewahrt werden, dass es absolut trocken ist, dann ist es leichter anzuzünden und brennt besser. Hier wird *piquillín* verwendet.

Man kann außerdem Holz von Eukalyptus-, Oliven- oder Obstbäumen wie Zitrone, Birne oder Apfel verwenden, um dem Grillgut ein besonderes Aroma zu verleihen.

EIN HOLZFEUER ANZÜNDEN

Niemals Grillanzünder verwenden, denn dadurch wird der Geschmack beeinträchtigt! Außerdem ist es unnötig, weil es immer genug trockene Blätter, Zweige oder Zeitungspapier gibt, das man benutzen kann. Außerdem sollte man auf gar keinen Fall Holz mit einem Brenner anzünden.

1. Als Erstes kleine Stöcke platzieren, die leicht Feuer fangen. So trockene Stöcke wie möglich auswählen.
2. Etwas dickere Stöcke wie ein »Zelt« darüber platzieren. Es ist wichtig, dass Luft zwischen das Holz kommt, sonst kann das Feuer nicht entfachen. Darauf achten, dass es Lücken zwischen den Stöcken gibt und sie schräg nach oben geneigt stehen.
3. Zwischen die Stöcke trockene Blätter, Zeitungspapier oder Kartonstücke legen, damit das Feuer entfachen kann. Alle verwendeten Dinge müssen trocken sein.
4. An mehreren Stellen anzünden.
5. Noch mehr trockene Zweige und/oder Blätter dazugeben, damit das Feuer in Gang kommt.

asado con carbón
Asado mit Kohle

Ursprünglich haben alle mit Holz gegrillt, aber heutzutage verwenden viele Argentinier Kohle, vor allem um Gemüse zuzubereiten. Aber das hängt auch ein wenig davon ab, aus welcher Region Argentiniens man kommt. Sogar mehrere Spitzenrestaurants, wie Don Julio in Buenos Aires, verwenden Kohle, allerdings ausschließlich gute Kohle. Gute Kohle erkennt man an trockenen, festen, großen Stücken, die deutlich als Holzstücke zu identifizieren sind. Solche Kohlenstücke können die Wärme sehr lange speichern. Zunächst ordnet man die größten Stücke kreisförmig an und legt die kleineren Stücke darauf. Durch die Kohle kann das Grillgut verschiedene Aromen annehmen. Lieber nicht irgendeine Sorte kaufen, sondern einen guten Hersteller finden.

So zündet man Kohle an:

1. Zuerst Zeitungspapier oder trockene Blätter platzieren und darauf kleine Zweige legen. Feine Kohlenstücke darauflegen. Von unten soll Luft an das Feuer kommen können.
2. Zeitungspapier anzünden. Im hinteren Teil als Erstes anzünden, damit kein Luftzug das Feuer sofort wieder löscht. Ich zünde immer an mehreren Stellen an und zuletzt ganz vorne.
3. Dann nach und nach etwas Kohle dazugeben, um ein ordentliches Feuer zu erzeugen. Wenn man im Wald oder im Garten grillt, wo es trockenes Laub gibt, kann man immer wieder trockenes Material dazugeben, damit das Feuer richtig in Gang kommt.
4. Wenn das Feuer zu brennen beginnt, kann man ihm ein wenig Luft zufächeln, damit es sich ausbreitet und größer wird.
5. Nun dauert es etwa 30 Minuten, bis man mit dem Grillen anfangen kann. Die Zeit hängt von der Größe und Qualität der Kohle ab. Nicht vergessen, immer wieder Kohle nachzulegen.
6. Sobald die Kohlen schön glühen, kann man sie unter den Grill geben. Wenn Sie keine *parrilla* haben, kann man die eine Seite eines großen Grills für die Kohle verwenden und auf der anderen Seite grillen. Einige große Grilltypen haben drei oder vier Bereiche: für niedrige, mittelhohe und hohe Temperatur plus einen Bereich für das Aufbewahren von Grillgut. Arbeiten Sie mit dieser Technik und nutzen Sie einen Teil für die Glut und den restlichen Bereich zum Erreichen unterschiedlicher Temperaturen.
7. Der Grill ist bereit, wenn ein Teil der Kohle weiß und orangerot wird und sich Flammen bilden. Glühende graue Kohle kann auf die Zubereitungsseite geschoben werden.
8. Daran denken, die Lüftungsklappen/-ventile zu öffnen, um einen Luftzug zu erzeugen. Das ist sehr wichtig, damit der Grill einwandfrei funktioniert.
9. Die glühenden Kohlen werden in den Zubereitungsbereich geschoben und mit unangezündeten Kohlen bedeckt, um eine größere Glutmenge zu erzeugen.
10. Wenn Sie beim letzten Grillen den Rost abgesenkt und alle Essensreste abgebrannt haben, muss er nur noch mit Haushaltspapier abgewischt werden und kann wieder benutzt werden.

» Nur so viel Kohle anzünden, wie benötigt wird, und keine Angst haben, eine kleine Menge zu nehmen. Wenn man mehr als nötig anzündet, bleibt viel Glut übrig, nachdem alles fertig ist.

Quebracho blanco – diese Holzkohle hat große, feste und trockene Stücke, die Wärme lange speichern. Rechts: Rot-orange glühende Kohle, die hohe Temperaturen erzeugt.

Glühende Kohle mit weißgrauem Äußeren – solche Kohlen braucht man für mittlere Temperaturen und eine lange Zubereitung. Sobald die Kohlen abgebrannt sind, mit mehr glühender Kohle auffüllen.

So sieht es im Lastwagen eines Kohlenhändlers aus. Oft verkaufen sie neben der Kohle auch Gemüse wie Kartoffeln und Zwiebeln an die Restaurants und Geschäfte.

Wenn ein gutes Kohlenfeuer entstanden ist, legt man einen Kohlenhaufen darauf, damit die neuen Kohlen schnell anbrennen. Eine gute Methode, um eine größere Menge brennender Kohlen zu erzeugen.

cortes de carne Fleischstücke

Viele Fleischstücke, die in diesem Buch verwendet werden, kann man in Europa im Supermarkt kaufen, während besondere argentinische Fleischstücke nur in Markthallen oder Spezialitätengeschäften zu finden sind. Manche Stücke müssen bestellt werden und andere werden außerhalb von Argentinien etwas anders zugeschnitten, eignen sich aber für die gleiche Verwendung.

RINDFLEISCH

Argentinisches Grillen umfasst viel mehr als nur Rindfleisch – wir grillen Schwein, Lamm, Gemüse, Würste, Innereien und mehr –, aber es besteht kein Zweifel daran, dass Rindfleisch die Nummer eins ist. Tiere, die mit Gras aufgezogen werden, sind immer denen vorzuziehen, die mit Getreide aufgezogen wurden. Auf der Weide wachsen die Tiere langsamer, was sich positiv auf Geschmack und Fleischqualität auswirkt. In Argentinien gibt es sowohl Züchter mit Grasweiden als auch solche, die eine eher industrielle Aufzucht betreiben. Wenn es um das Schlachtalter der Tiere geht, finde ich, dass etwas ältere Rinder geschmackvoller und besser schmecken als junge Tiere.

Größe und Zuschnitt der Stücke unterscheiden sich zwischen Argentinien und Europa, sodass man die Zubereitung daran anpassen muss, was für ein Fleischstück man zur Verfügung hat. Weil sich die Zuschnitte in vielen Ländern unterscheiden, gibt es hier eine Vorstellung der populärsten und wertvollsten Stücke und dessen, was ihnen in europäischen Geschäften ungefähr entspricht.

1. BIFE ANCHO – ENTRECOTE

Das Entrecote ist marmoriert und zart, mit feinem Fleischgeschmack. Darauf achten, dass es nicht zu rare serviert wird. Das Entrecote sitzt am Rücken, zwischen der Hochrippe und der Lende, oberhalb der hinteren Rippen.

2. BIFE ANCHO CON HUESO – ENTRECOTE MIT KNOCHEN

Normalerweise findet man das Entrecote mit Knochen nicht unter diesem Namen – schauen Sie nach *côte de bœuf*, *chuletón* oder Prime Rib, das sind dieselben Stücke. Man bekommt sie in Markthallen und Spezialitätengeschäften und auch in gut sortierten Metzgereien. Das Fleischstück wird durch den Knochen extra geschmackvoll und saftig, im Ganzen gebraten ein Genuss.

3. BIFE DE CHORIZO – RUMPSTEAK

Vom Hals bis zum Schwanz ist die Reihenfolge der Fleischstücke wie folgt: Hochrippe, dann Entrecote mit fünf Knochen – und dann kommt das Rumpsteak, ungefähr in der Rückenmitte des Tieres.

Es ist zart, saftig und wird mit dem Fettrand gegrillt. Danach entscheidet man selbst, ob man das Fett essen möchte oder nicht. *Bife de chorizo* ist eines der beliebtesten Fleischstücke in Argentinien und sollte eine gewisse Größe haben. Man sollte darauf achten, dass es nicht zu lange

Es lohnt sich, auf gutes Fleisch und richtig geschnittene Details zu achten. Hier bin ich mit Tolga Ünal in der Zerlegungsabteilung der Köttkompaniets mörningsrum in Stockholm.

1

2

3
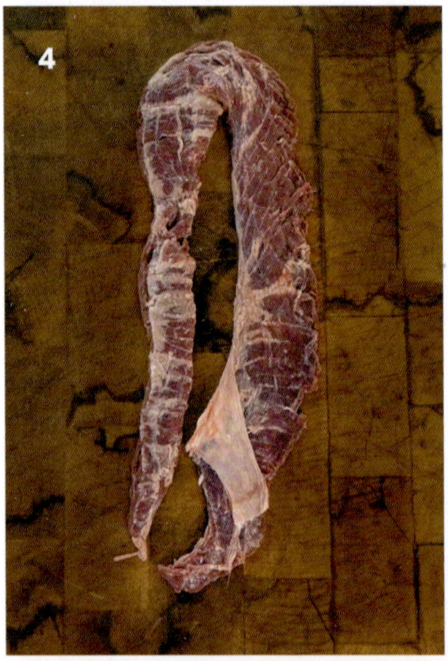
4

5
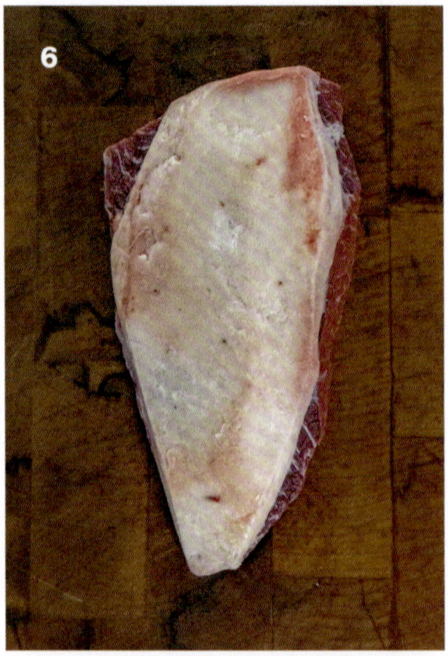
6

7

8

gegrillt wird, denn es wird leicht trocken. Der Name hat übrigens nichts mit der Chorizo-Wurst zu tun. Rumpsteak bekommt man in allen größeren Lebensmittelgeschäften.

4. ENTRAÑA/SKIRTSTEAK – SAUMFLEISCH

Dies ist ein Stück, das auf der Innenseite der Brust sitzt. Man bekommt es in gut sortierten Fleischgeschäften und Markthallen oder Spezialgeschäften. Das Fleisch ist grobfaserig, deshalb muss es beim Aufschneiden gegen die Maserung geschnitten werden. In Argentinien lässt man oft die Haut und die Silberhaut am Fleisch, wenn es gegrillt wird. Dieses Stück hat einen kräftigen und herzhaften Fleischgeschmack. Ein ähnliches Stück ist der Bauchlappen, der zwischen den Lungen des Tieres liegt. Wenn man kein *entraña* bekommt, sollte man Bauchlappen oder Flanksteak kaufen.

5. MATAMBRE – »ELEFANTENOHR«

Matambre ist ein dünnes Stück vom Bauchlappen, das meist für eine Art Roulade verwendet wird, die *matambre arrollado* genannt wird. Dieses Stück bekommt man in Spezialgeschäften für südamerikanisches Fleisch. Es ist deutlich dünner als das europäische Flanksteak. Wenn man also ein *matambre* durch ein Flanksteak ersetzt, muss man das längs halbieren, ohne es ganz durchzuschneiden, und dann wie ein Buch aufklappen.

6. TAPA DE QUADRIL – TAFELSPITZ

Cuadril heißt Hinterteil und dieses Fleischstück liegt längs am Hinterteil des Tieres, gehört aber noch nicht zum eigentlichen Schwanz. Man kann sagen, es ist der Fortsatz vom Roastbeef und entspricht dem Tafelspitz. Man bekommt es in Spezialgeschäften für südamerikanisches Fleisch, aber viel verbreiteter ist der Name *picanha*. Der amerikanische Name ist *tri-tip*, weil das Fleischstück eine Triangelform hat. Dieses Fleischstück ist nicht so bekannt wie andere Asado-Fleischstücke, aber man kann es für vieles verwenden und es lässt sich ausgezeichnet grillen. Außerdem ist der *tapa de cuadril* sehr mager und sollte als Letztes auf den Grill gelegt werden, weil er schnell trocken wird.

7. TIRA DE ASADO – QUERRIPPE

Das Fleischstück *tira de asado* ist unvorstellbar populär in Argentinien. Es ist das Rippenstück und wird quer in kurze Stücke gesägt. Der *tira de asado* sind die Short Ribs ähnlich, die allerdings oft viel länger sind und hauptsächlich aus dem zentralen Rippenstück der Rinderbrust bestehen. Eine *tira de asado* hingegen hat an jedem Ende noch ein zusätzliches Stück Rippe, an dem auch mehr Fett sitzt.

Short Ribs finden sich im Handel eher und man kann sie gut auf die gleiche Weise verarbeiten, wenn man *tira de asado* nicht bekommt (bitten Sie den Fleischer, sie in 5–6 cm dicke Stücke quer zum Knochen zu schneiden). *Tira de asado* findet man in Spezialgeschäften für südamerikanisches Fleisch.

Emir Ünal schneidet ein abgehangenes Fleischstück eines älteren Tieres zu.

Man bekommt *tira de asado* von erwachsenen Rindern oder Kälbern. In Chile gibt es eine Vorliebe für *tira de asado* von Kälbern, während Argentinier und Brasilianer lieber die von älteren Tieren grillen. Beide Varianten sind in Europa verfügbar. Sie sollen die längere Zeit mit der Knochenseite zur Glut gegrillt werden.

8. VACÍO – FLANKSTEAK

Das *vacío* ist in Argentinien sehr beliebt. Dafür schneidet man die Flanke bis zur Leiste heraus. Das Stück ist viel länger als ein übliches Flanksteak, das ohne Häute und Fett zugeschnitten ist, die man in Argentinien nicht abschneidet. Ein echtes *vacío* sollte man bei einem Spezialgeschäft bestellen. Flanksteaks findet man in den meisten größeren Metzgereien.

Ein *vacío* hat einen sehr aromatischen Fleischgeschmack und die grobe Maserung gibt ihm einen rustikalen Charakter. Man darf es nicht zu lange grillen, dann wird es sehr zäh. Das ist umso wichtiger, wenn man ein Flanksteak grillt, also ohne die schützende Haut und Fettschicht. Der Geheimtipp der Argentinier ist, es so langsam zu grillen, dass sich Fett und Häute knusprig zusammenziehen.

Es ist natürlich immer wichtig, das Fleisch gegen die Maserung zu schneiden, aber beim Flanksteak ganz besonders, weil es sonst extrem zäh wird.

TAPA DE ASADO – BRUSTSPITZ (OHNE ABBILDUNG)

Tapa de asado ist ein Teilstück der Rinderbrust, das auch Brustspitz genannt wird. Eine gelbe Fettschicht steht für guten Fleischgeschmack und ein Tier, das immer viel Gras gefressen hat. Brustspitz findet man in den meisten Metzgereien. Für ein größeres Stück, wie in Argentinien, sollte man in der Markthalle oder im Spezialgeschäft nachfragen.

Neben der Rasse des Tieres, der Art des Futters und dem Schlachtalter spielt auch die Verarbeitung nach dem Schlachten eine große Rolle. Das Reifeverfahren des Abhängens ist zum Beispiel bei Don Julio eine Kunst für sich.

SCHWEINEFLEISCH

Cerdo heißt Schwein auf Spanisch und neben Rindfleisch gibt es viele geschätzte argentinische Schweinefleischstücke, die ausgezeichnet auf die *parrilla* passen.

1. COSTILLAS DE CERDO – SCHWEINERIPPEN

Auch das Rippenstück vom Schwein eignet sich gut für ein Asado. Man bekommt es in den meisten Metzgereien unter dem Namen Spareribs oder Schweinekamm.

2. MATAMBRE DE CERDO – FLANKSTEAK VOM SCHWEIN

Genau wie das Flanksteak vom Rind ist das Flanksteak vom Schwein ein schönes Grillfleisch. Das Stück ist rechteckig, etwa 2 x 20 cm, und ziemlich dünn, weshalb es schnell fertig gegrillt ist. Zum Servieren wird das Fleisch aufgeschnitten. *Matambrito de cerdo relleno* sind Schweinefleischrouladen, die mit dem *matambre de cerdo* gemacht werden. Das *matambre de cerdo* kann aus einer normalen Schweinehälfte herausgeschnitten werden oder man bestellt es bei einem südamerikanischen Fleischspezialisten.

In meiner argentinischen Heimatstadt Campana gibt es viele kleine Metzgereien mit einem gut sortierten Angebot.

3. PLUMA, PRESA & SECRETO IBÉRICO

Secreto ibérico, das Geheimnis des Ibericoschweines, klingt viel spannender als der deutsche Name Schweinenacken. Aber das Fleischstück aus dem Schulterblatt ist schon etwas Besonderes, denn es ist ein perfektes Stück zum Grillen, mit ordentlicher Marmorierung und gutem Fleischgeschmack. Man findet es oft in Markthallen und Spezialitätengeschäften und manchmal auch in gut sortierten Metzgereien.

Diese Stücke werden bei einem traditionellen Asado nicht verwendet, sind aber in Spanien sehr beliebt. Das Stück *pluma* ist ein dreieckiges, federförmiges und marmoriertes Stück aus dem vorderen Teil des Schweins, unterhalb des Schulterblatts. Weil es so dünn ist, lässt es sich gut kurz bei hoher Temperatur grillen, damit es saftig bleibt. *Presa* ist etwa so groß wie *pluma*, aber etwas dicker und es ist ein Stück aus dem Nacken.

LAMM

Die argentinischen Weiten sind ideal zur Aufzucht von Lämmern. Besonders die Art, ganze Tiere über offenem Feuer zu grillen, symbolisiert das harte Leben der traditionellen Gauchos in den weiten Ebenen der Pampa.

4. CORDERO A LA CRUZ – IM GANZEN GEGRILLTES LAMM

Cordero a la cruz bedeutet Lamm am Kreuz. Das im Ganzen gegrillte Lamm ist ein klassisches Bild für das argentinische Grillen. Dabei wird der Körper des geschlachteten Lamms geöffnet und an einem Gestell neben dem Feuer befestigt oder, um es drastisch auszudrücken, gekreuzigt. Diese indirekte Grillmethode bedeutet, dass sich das Grillen über viele Stunden erstreckt und gleichzeitig eine Gelegenheit bietet, einen ganzen Tag mit Familie und Freunden zu verbringen.

5. COSTILLAS DE CORDERO – LAMMKARREE

Ein perfekt gegrilltes und in Koteletts geschnittenes Lammkarree ist immer ein Genuss. Es entspricht dem Entrecote bei einem Rind und wird mit den Knochen am Stück zugeschnitten. Dieses Stück bekommt man in den meisten größeren Metzgereien.

INNEREIEN

Man kann sagen, dass ein Asado ohne einige Würste und vielleicht etwas Kalbsbries nicht vollständig ist. In Argentinien ist es Tradition, alle Teile eines Tieres, inklusive gegrillter Innereien, zu verwenden.

6. CHINCHULINES – RINDERDARM

Das erste Gericht vom Grill des Asadors ist oft etwas knusprig gegrillter Dünndarm vom Rind, *chinchulines*. Er muss außen wirklich knusprig sein, sonst schmeckt er nicht gut. Leider ist es sehr unwahrscheinlich, ihn beim örtlichen Metzger zu bekommen, deshalb muss man ihn unbedingt probieren, wenn man in Argentinien ist. Wenn man selbst schlachten lässt oder direkten Kontakt zu einem Metzger hat, sollte man dieses Stück auch verwenden.

7. CORAZÓN – RINDERHERZ

Gegrilltes Herz ist auf der *parrilla* nicht ungewöhnlich, es wird in Scheiben geschnitten mit *chimichurri* serviert. Rinderherz kann man in Markthallen und Spezialgeschäften oder in gut sortierten Metzgereien finden.

MOLLEJAS – KALBSBRIES

Das Kalbsbries ist der Thymusmuskel im Hals vom Kalb. In Argentinien isst man das unter dem Namen *molleja de garganta*, aber das etwas fettere Herzbries, *molleja de corazón*, ist noch schmackhafter. Beides gibt es in Markthallen und Spezialgeschäften. Es gibt viele verschiedene Meinungen über die beste Zubereitung von Bries. Manche blanchieren es, andere legen es über Nacht in Milch ein oder marinieren es einige Zeit in Wasser mit Zitronensaft. Solange es seine unnachahmliche Konsistenz und den guten Geschmack bekommt, sind alle Zubereitungsweisen erlaubt.

RIÑONES – NIEREN

Gegrillte Nieren sind eine Delikatesse. Man muss sie sorgfältig vorbereiten, alles sichtbare Fett und Häute abschneiden. Üblicherweise werden sie vor dem Grillen mariniert. Man bekommt sie in gut sortierten Metzgereien und sollte sie nur ganz frisch kaufen.

1

2

3

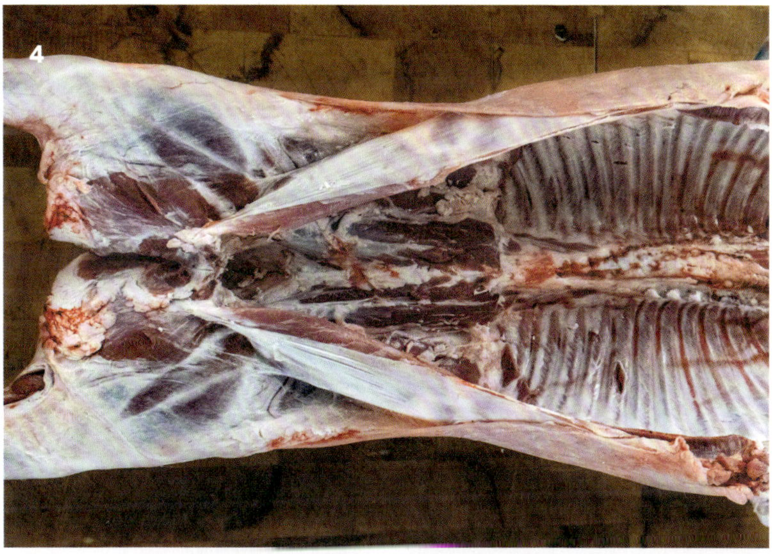
4

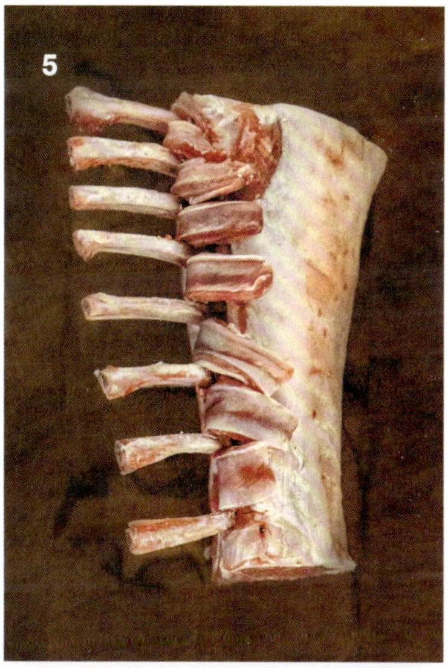
5

6

7

técnicas de asado
Grilltechnik

Das wichtigste Kriterium beim Asado ist das langsame Grillen. Das Fett am Fleisch wird auf diese Weise knuspriger und gelber und das Salz kristallisiert anders als bei schnellerer Zubereitung. Aus diesem Grund entfernen wir auch das Fett und die Silberhäute nicht. In Argentinien mögen wir Fett am Fleisch, denn die langsamere Zubereitungszeit lässt das Fett schmelzen und macht das Fleisch saftiger.

Manche Fleischstücke sind aber so dünn, dass sie besser schmecken, wenn sie bei hohen Temperaturen gegrillt werden. Hier muss man gut darauf achten, dass das Fleisch nicht zu lange auf dem Grill liegt und trocken wird.

Kerntemperaturen

In Argentinien verwenden die Asadores keine Fleischthermometer. Sie können das natürlich machen, dennoch sollten Sie das Fleisch beobachten und testen – so bekommen Sie bald ein Gefühl für die richtige Kerntemperatur. Die meisten Argentinier mögen ihr Fleisch *a punto*, das bedeutet medium gegart. Fast alle Fleischstücke mit Knochen werden medium bis durchgebraten serviert.

Poco hecho – medium rare: 48–52 °C
A punto – medium: 55–62 °C
Hecho – well done: 68–73 °C

Ab 75 °C wird das Fleisch trocken und schmeckt nicht gut. Man darf auch nicht vergessen, dass die Temperatur nach dem Grillen noch weiter ansteigt, etwa 4 °C, wenn Fleisch bei niedriger Temperatur zubereitet wurde, 6 °C bei mittlerer und 8–10 °C bei hoher Temperatur.

Zimmertemperatur von Fleisch

Das Fleisch sollte Zimmertemperatur haben, wenn es gegrillt wird. Ein großes Stück muss dafür etwa eine Stunde vorher aus dem Kühlschrank geholt werden.

Salzen

In Argentinien ist man von verschiedenen Marinaden und *rubs* nicht besonders beeindruckt. Dort geht es vor allem um Fleisch und Salz. Etwa 15–30 Minuten vor der Zubereitung wird das Fleisch kräftig mit Salzflocken oder grobem Natursalz gesalzen (in Argentinien gibt es dafür *sal parrilla*, ein etwas gröberes Salz), außer es ist ein besonders dünnes Stück. Wenn dünne Stücke zu früh gesalzen werden, werden sie zu trocken, aber eine Viertelstunde vorher ist gut. Wenn man gewöhnliches Speisesalz verwendet, sollte man erst 5–10 Minuten vorher salzen, damit das Fleisch nicht nass wird. Etwas gröberes Natursalz oder Salzflocken schmelzen nicht so schnell und können daher früher verwendet werden.

Kohle ausbreiten

Wenn es Zeit ist, mit dem Grillen anzufangen, schiebt man die glühende Kohle in den Grillbereich. Die Kohle wird so verteilt, dass ein gleichmäßiges »Glutbett« unter dem Rost entsteht, auf das das Grillgut gelegt wird. Die Höhe des

> In Argentinien verwendet niemand ein Fleischthermometer, sondern man grillt nach Gefühl!

Rostes wird so eingestellt, dass die Hitze nicht zu groß wird. Wenn der Rost nicht verstellbar ist, muss das Glutbett so angepasst werden, dass die Temperatur auf der Höhe des Grillrostes genau richtig ist. Das Feuer daneben nicht vergessen, damit bei Bedarf ausreichend glühende Kohlen zur Verfügung stehen.

Knochen oder Fettschicht
Beim Auflegen von Fleisch auf den Grill sind einige Dinge zu beachten. Hat das Stück eine Fettschicht, sollte man es zunächst mit der Fettschicht nach unten grillen. Das Gleiche gilt für Fleischstücke mit Knochen, die gerne zunächst mit dem Knochen zur Hitze weisend gegrillt werden. Ein Stück mit dem Knochen zu grillen, gibt dem Fleisch mehr Aroma und verringert das Risiko, dass es zu trocken wird.

Abstand zur Kohle
Das Fleisch wird in relativ großem Abstand zur Kohle zubereitet, damit es ein gleichmäßiges rosafarbenes Inneres bekommt und nicht grau wird. Es wird vom Grill genommen, bevor es den gewünschten Garpunkt erreicht hat, und soll dann noch etwas ruhen.

Bepinseln
Ich wende folgenden Trick an: Das Fleisch wird während des Grillens mehrfach mit einem Rosmarinzweig bepinselt, der vorher in Wasser getaucht wurde. Das befeuchtet das Fleisch und gibt ihm einen gleichmäßigen und feinen Rosmaringeschmack, der nicht zu überwältigend ist. Man kann auch Tannenzweige oder Thymian- und Oreganozweige nehmen oder das Kraut von frischem Knoblauch.

Fleisch ruhen lassen
Es ist wichtig, dass das Fleisch nach dem Garen ruhen kann, damit der Fleischsaft nicht ausläuft, wenn es aufgeschnitten wird. Alle Fleischstücke, abgesehen von den ganz dünnen, sollten einige Zeit ruhen.

Nach Gefühl grillen
Es gibt so viele Kriterien: Grilltyp, Holz- oder Kohlenmenge, Abstand zur Hitze, Jahreszeit, Fleischqualität, Reifegrad und Fleischgröße und so weiter. Ich meine damit, dass man der Zeit in den Rezepten nicht blind vertrauen, sondern immer in der Nähe vom Grill sein sollte – beobachten Sie das Fleisch, machen Sie einen Drucktest, benutzen Sie ein Fleischthermometer, wenn Sie unsicher sind.

ASADO

Mit der Planung eines Asado beginnt man einige Tage im Voraus. Das gewünschte Fleisch sollte vorrätig sein, eventuell müssen Sie zusätzlich etwas bestellen. Sorgen Sie für eine ausreichende Holz- oder Kohlenmenge. Achten Sie darauf, dass das Fleisch Zimmertemperatur hat, und machen Sie sich einen Plan, in welcher Reihenfolge das Grillgut auf die *parrilla* kommen soll. Arrangieren Sie Saucen, Snacks, Salate und Getränke. Bereiten Sie das Feuer vor, ziehen Sie eine Schürze an und begrüßen Sie die zu früh erscheinenden Gäste mit einem Getränk. Zünden Sie ein Streichholz an und beobachten Sie, wie die Rauchschleier aufsteigen. Atmen Sie tief durch und halten Sie sich davon ab, zu früh mit dem Grillen anzufangen, auch wenn hungrige Gäste Sie hetzen. Denken Sie daran, dass nur Sie entscheiden, denken Sie daran, wer Sie sind – *el asador*.

picada
Snacks

In Italien würde man sie Antipasti nennen, in Spanien Tapas, aber in Argentinien nennen wir die Snacks, die es vor dem Asado gibt, *picada*.

Eine Auswahl an *picada* erfüllt viele Zwecke. Am wichtigsten ist das Soziale – jetzt ist Zeit, etwas zu trinken und in aller Ruhe zu plaudern. Weil ein Asado seine Zeit braucht und die Argentinier nicht gerade für ihre Pünktlichkeit bekannt sind, ist es wichtig, die Zeit mit ein paar Snacks überbrücken zu können.

Oft gehören zu den angebotenen *picada* etwas *charcutería*, Brot, Grissini, Cracker, Oliven und verschiedene Käsesorten. Eine Schale mit Erdnüssen ist immer beliebt. Eigentlich passt alles, wonach einem gerade der Sinn steht.

Klassische Getränke zu den *picada* sind Fernet Branca mit Cola und Eis, Vermouth, Bier und leichte Rotweine. Wenn es warm ist, ist auch Sodawasser beliebt, um etwa eine Weinschorle anzubieten. Ich selbst trinke gerne, wie fast alle Argentinier, einen Malbec oder manchmal einen Cabernet Franc. Wenn es auf 22 Uhr zugeht, geht man von den *picada* zum gegrillten Essen über.

Käse
4 Snack-Portionen
Zeit
20 Minuten
Grill
niedrige Temperatur

Zutaten
1 *provoleta*, etwa 300 g, alternativ Butterkäse oder Port Salut in ca. 2 cm dicken Scheiben
¼ Portion *chimichurri*, siehe Seite 166

provoleta
Gegrillter Käse

Provoleta ist ein argentinischer Käse, den man in Spezialitätengeschäften findet. Wenn man ihn erhitzt, schmilzt er und zieht Fäden, behält aber eine gewisse Konsistenz. Man kann ihn nicht durch Halloumi ersetzen, sondern lieber durch einen Butterkäse oder auch Port Salut.

Der Käse soll außen goldbraun und innen warm und weich sein. Er ist ziemlich fett, deshalb nicht direkt über Flammen legen, da wird er nicht gut. Der Käse wird als Snack gegessen, während man darauf wartet, dass die Asado-Gerichte fertig sind. Man kann ihn entweder mit Messer und Gabel essen oder auch geschnitten auf einem Stück Brot.

Die Oberfläche mit etwa der Hälfte von der *chimichurri* bepinseln. Den Käse, mit der *chimichurri* obenauf, auf den Grill legen. Etwa 20 cm über der Glut für 15–20 Minuten bei niedriger Temperatur grillen oder so lange, bis die Unterseite eine schöne Farbe hat.

Mit einem Pfannenwender aus Metall vorsichtig vom Grill nehmen.

Mit der restlichen *chimichurri* bepinseln und warm genießen.

Rindfleisch
4–6 Portionen
Zeit
80 Minuten
Grill
mittlere Temperatur

Zutaten
1 kg *tira de asado*, Querrippe vom Rind, siehe Seite 39, alternativ Short Ribs
Salzflocken

tira de asado
Querrippe vom Rind

Eine *tira de asado* ist wahrscheinlich das Fleisch, das man am ehesten mit Asado in Verbindung bringt. Diese Art, das Fleisch zu schneiden, wurde in Campana erfunden, der Stadt in Argentinien, aus der ich komme. Aus einer Metzgerei in der Stadt schmuggelten Arbeiter nach ihrer Schicht Fleisch mit nach Hause, indem sie den Knochen quer in Stücke sägten und diese wie einen Gürtel unter ihrer Kleidung versteckten.

Das Fleisch rundum etwa 15–30 Minuten vor dem Grillen salzen.

Die Stücke mit der Knochenseite nach unten auf den Grill legen. Etwa 30 cm über der Glut bei mittlerer Temperatur etwa 40 Minuten grillen (dünnere Stücke kürzer grillen). Wenden und weitere 30–40 Minuten grillen, bis die Außenseite knusprig und die Innenseite hellrosa und saftig ist. Während des Grillens glühende Kohlen nachlegen.

Das Beste ist die knusprige Haut, die am Knochen sitzt. Portionieren, indem das Fleisch zwischen den Knochen geschnitten wird.

Rindfleisch
4–6 Portionen
Zeit
1 Stunde
Grill
niedrige Temperatur

Zutaten
ca. 1½ kg *tapa de asado*, Brustspitz, siehe Seite 40, alternativ Brisket
100 ml Knoblauchöl, siehe Seite 168
1 EL Petersilie, fein gehackt
1 EL Schnittlauch, fein gehackt
1 TL Oregano, fein gehackt
Salz und frisch gemahlener schwarzer Pfeffer

tapa de asado
Gegrillter Brustspitz

Brustspitz ist ein schwieriges Fleischstück zum Grillen und auch wenn es nicht so groß oder dick ist, muss es langsam zubereitet werden.

Das zimmertemperierte Fleisch mit Haushaltspapier trockentupfen. Eventuell parieren, falls nötig.

Das Fleisch auf den Rost legen und etwa 25 cm über der Kohle bei niedriger Temperatur (eine dünne Lage Kohle) grillen. Auf der Oberseite mit Knoblauchöl bepinseln. Salzen.

Etwa 30 Minuten grillen, dann wenden und weitere 20 Minuten grillen, bis das Fleisch eine schöne Farbe hat. Vom Grill nehmen und 7 Minuten ruhen lassen. Das Innere soll noch leicht rosa sein. Eine Seite ist oft dünner und die bekommt derjenige, der das Fleisch mehr durchgebraten mag.

Kräuter und restliches Knoblauchöl verrühren und auf eine Platte geben. Das Fleisch in etwa 1 cm dicke Scheiben schneiden und auf das Kräuteröl legen. Salzen und pfeffern.

> Es ist wichtig, dass auch dünne Stücke ruhen, damit nicht zu viel Fleischsaft austritt, wenn das Fleisch geschnitten wird.

Rindfleisch
4–6 Portionen
Zeit
20–25 Minuten
Grill
hohe Temperatur

Zutaten
1 kg Rinderfilet
1 Portion *chimichurri*, siehe Seite 166
Salzflocken und frisch gemahlener schwarzer Pfeffer

lomo de asado
Gegrilltes Rinderfilet

Beim Grillen von Rinderfilet darf nicht vergessen werden, dass es ein zartes Stück ohne Fettmarmorierung ist. Man kann ein Rinderfilet am Stück zubereiten (auf dem Bild ist ein Teil vom Rinderfilet zu sehen). Dann grillt man es rundum bei mittlerer Temperatur etwa 30 Minuten – dabei daran denken, dass ein Filet drei Seiten hat, die jeweils 10 Minuten gegrillt werden sollten.

Das zimmertemperierte Filet mit Haushaltspapier trockentupfen.

Das Fleisch in etwa 6 cm dicke Scheiben schneiden. Rundum salzen und auf den Rost legen.

Etwa 40 cm über der Kohle bei hoher Temperatur etwa 5 Minuten auf einer Seite grillen, bis es eine schöne Farbe hat. Wenden und je etwa 5 Minuten auf den restlichen drei Seiten grillen. Kontrollieren, dass die Kohle gleichmäßig warm ist und die hohe Temperatur behält. Grillen, bis die Kerntemperatur 45 °C beträgt.

Vom Grill nehmen, salzen und pfeffern. Einige Minuten ruhen lassen und mit *chimichurri* auf dem Fleisch oder separat servieren.

> ” In Europa grillt man größere Fleischstücke meist bei zunächst hoher Temperatur, damit sie eine schöne Farbe bekommen, und lässt sie dann bei niedriger Temperatur garen. Wir Argentinier denken anders: Wenn man zunächst bei niedriger Temperatur längere Zeit grillt, wird das Fleisch innen gleichmäßig gar und saftig und bekommt zum Schluss ein fantastisches knuspriges Äußeres.

Rindfleisch
4 Portionen
Zeit
15 Minuten
Grill
hohe Temperatur

Zutaten
400 g *entraña,* Skirtsteak, siehe Seite 39, alternativ Bauchlappen oder Flanksteak
1 EL Salz
2–3 EL frische Kräuter, z. B. Oregano, Thymian oder glatte Petersilie

entraña con hierbas
Skirtsteak mit Kräutern

Ein *entraña* lässt sich sehr schnell zubereiten, besonders wenn es dünn ist, und benötigt nur 8–12 Minuten auf dem Grill. Dieses Fleischstück sollte rare/medium gegart werden, sonst wird es zu trocken. Außerdem wird es sofort und ohne Ruhezeit verzehrt.

Das zimmertemperierte Fleisch mit Haushaltspapier trockentupfen. Die dünne Haut mit einem Messer abschneiden.

Die Kräuter und das Salz in einem Mörser zerkleinern und zur Seite stellen.

Das Fleisch auf beiden Seiten salzen und auf dem Rost etwa 20 cm über der Kohle bei hoher Temperatur grillen. Etwa 5 Minuten pro Seite grillen, bis es eine schöne Farbe hat. Wenn man das Fleisch wendet, sollte man mehr glühende Kohlen dazugeben, damit die Temperatur gleich bleibt und das Fleisch gegrillt und nicht gekocht wird. Das Skirtsteak bis zu einer Kerntemperatur von 45 °C grillen, die Temperatur steigt noch, wenn es ruht. Gerne ein Fleischthermometer zur Kontrolle verwenden.

Das Fleisch vom Grill nehmen, einige Minuten auf einem Schneidebrett ruhen lassen und dann in etwa 5 cm dicke Scheiben schneiden. Das Fleisch entweder der Länge nach, wie auf dem Bild, oder quer in einige größere Stücke schneiden, was die klassische Zubereitung ist.

Das Kräutersalz nach Belieben darüberstreuen. Sofort genießen!

Rindfleisch
4–8 Portionen
Zeit
1–2 Stunden
Grill
hohe Temperatur

Zutaten
- 1–2 kg *bife ancho con hueso*, Entrecote mit Knochen (*côte de bœuf, chuletón*, Prime Rib), siehe Seite 36
- 200 ml Wasser
- 1 TL frisch gemahlener schwarzer Pfeffer
- 1 Rosmarinzweig
- 2–3 Knoblauchzehen, zerdrückt
- Salzflocken

bife ancho con hueso
Entrecote mit Knochen

Mit Knochen gegrilltes Fleisch ist geschmacksintensiver und wird nicht so schnell trocken. Es kann mit hoher Temperatur gegrillt werden, allerdings muss man berücksichtigen, dass sich die Kerntemperatur beim Ruhen noch erhöht. Das Bepinseln mit einem in Wasser getränkten Rosmarinzweig gibt dem Fleisch einen gleichmäßigen und feinen Rosmaringeschmack, der nicht zu überwältigend ist. Man kann auch Tannenzweige oder Thymian- und Oreganozweige nehmen, die aber durch die Hitze schnell verkümmern. Auch das Kraut von frischem Knoblauch eignet sich dafür. Das Fleisch wird ziemlich hoch über der Kohle zubereitet, damit es nicht zu schnell gart und innen gleichmäßig rosa und nicht grau wird. Es wird saftiger und schmackhafter bei längerer Zubereitung mit niedriger Temperatur.

Das zimmertemperierte Entrecote mit Haushaltspapier trockentupfen.

Das Fleisch 30 Minuten vor dem Grillen auf beiden Seiten mit Salz einreiben, damit es einziehen kann. Wasser mit dem Knoblauch und dem Pfeffer verrühren und das Fleisch vor dem Grillen mit dem darin getränkten Rosmarinzweig bepinseln.

Das Entrecote auf den Rost etwa 40 cm über heiße Kohlen legen. Auf einer Seite etwa 20 Minuten grillen, bis es eine schöne Farbe hat. Das Fleisch wenden und weitere etwa 6 Minuten grillen. Kontrollieren, dass die Kohle heiß bleibt. Auch während des Grillens das Fleisch mit dem Rosmarinzweig und der Wassermischung bepinseln. Das Fett sollte möglichst knusprig werden.

Das Fleisch bis zu einer Kerntemperatur von 45 °C grillen (bei kleineren Stücken 42 °C), gerne ein Fleischthermometer zur Kontrolle verwenden. 5–10 Minuten ruhen lassen. Die Temperatur steigt auch noch nach dem Grillen beim Ruhen an.

Zuerst den Knochen abschneiden, dann das Fleisch in etwa 1 cm dicke Scheiben schneiden. Die Sehnen abschneiden, aber nicht das Fett– dort sitzt der Geschmack. Salzen und pfeffern.

Rindfleisch
1–2 Portionen
Zeit
15 Minuten
Grill
hohe Temperatur

Zutaten
etwa 300 g Rumpsteak
3 EL Butter mit gegrilltem Knoblauch, siehe Seite 169
Salzflocken und frisch gemahlener schwarzer Pfeffer

bife de chorizo
Rumpsteak mit Knoblauchbutter

Dies ist eine schnellere Zubereitung eines Rumpsteaks, weil das Fleisch in Scheiben geschnitten zubereitet wird. Die Butter gibt dem Fleisch einen herrlichen Geschmack und da der Knoblauch gegrillt wurde, ist der Geschmack weniger scharf.

Das zimmertemperierte Fleisch mit Haushaltspapier trockentupfen.

Etwa 6 cm dicke Scheiben schneiden und rundherum salzen.

Das Fleisch auf den Rost etwa 30 cm über heiße Kohlen legen. Auf einer Seite etwa 6 Minuten grillen, bis es eine schöne Farbe hat. Das Fleisch wenden und weitere etwa 4 Minuten grillen. Kontrollieren, dass die Kohle richtig heiß bleibt.

Während des Grillens mit der Knoblauchbutter bepinseln. Man kann die Knoblauchbutter auch gut separat zum Fleisch servieren.

Das Fleisch grillen, bis die Kerntemperatur 40 °C beträgt. Vom Grill nehmen und erneut salzen. 5 Minuten ruhen lassen, bevor es serviert wird. Daran denken, dass die Kerntemperatur beim Ruhen noch steigt.

Rindfleisch
4–6 Portionen
Zeit
1 Stunde
Grill
mittlere Temperatur

Zutaten
ca. 1 kg *tapa de cuadril*, Tafelspitz, siehe Seite 39, alternativ *picanha*
Salzflocken und frisch gemahlener schwarzer Pfeffer

tapa de cuadril Tafelspitz mit Fettrand

Der Tafelspitz mit Fettrand hat seinen Namen von der Fettschicht auf einer Seite, während das Fleisch selbst aber mager ist. Das Innere soll rosa bleiben, aber weil das Stück nicht gleichmäßig dick ist, werden einige Stellen mehr durchgegart sein als andere.

Vorsichtig, ohne das Stück durchzuschneiden, die Haut auf der Fleischseite entfernen, damit sich das Fleisch bei der Zubereitung nicht aufrollt.

Etwa 30 Minuten vor dem Grillen kräftig mit Salzflocken salzen.

Den Tafelspitz mit der Fettschicht nach oben auf den Rost etwa 30 cm über Kohle mit mittlerer Temperatur legen. Er soll etwa 30 Minuten langsam gegart werden, bis er eine schöne Farbe hat. Wenden und weitere 20 Minuten grillen, bis das Fett goldbraun und knusprig ist.

8 Minuten ruhen lassen. Zum Servieren in etwa 2 cm dicke Scheiben schneiden. Mit Salz und Pfeffer abschmecken.

Rindfleisch
6–8 Portionen
Zeit
40 Minuten
Grill
mittlere Temperatur

Zutaten

1½ kg *matambre*, siehe Seite 39, alternativ Flanksteak in kleinen Stücken
200 g geräucherter Schinken in Scheiben
300 g Käse, der schmilzt, z. B. Port Salut, gerieben oder in dünnen Scheiben, alternativ ein anderer Käse, der Ihnen schmeckt, wie z. B. Roquefort oder Emmentaler
100 g grüne Oliven mit Kernen
1 EL getrockneter Oregano

Tomatensauce (es bleibt etwas übrig)

400 g gehackte Tomaten
1 EL getrockneter Oregano
1 EL Chiliflocken, gerne *ají molido* (gemahlene rote Chilischoten aus Argentinien, fruchtig und mittelscharf, erhältlich im Gewürzhandel oder Spezialitätengeschäft für südamerikanische Lebensmittel)
1 Knoblauchzehe, geschält
1 Prise Zucker
4 EL Olivenöl
Salz

matambre a la pizza Fleischpizza

Man merkt schnell, woher dieses Gericht seinen Namen hat! Einige denken vielleicht, dass das Fleisch etwas zäh wird, weil die Fasern in unterschiedlichen Richtungen verlaufen und das Fett nicht gleichmäßig verteilt ist, aber wenn man es langsam zubereitet, wird es superlecker.

Das Fleisch parieren, falls nötig, wenn zum Beispiel Fettstücke herunterhängen. Wenn man ein normales Flanksteak verwendet, muss man es der Länge nach halbieren, ohne es komplett durchzuschneiden. Bis auf ein paar Zentimeter einschneiden, dann zu einem großen Fleischstück aufklappen.

Tomatensauce: Die gehackten Tomaten mit Oregano, Chiliflocken, Knoblauch, Zucker und Öl in eine Schüssel geben und mit dem Handmixer glatt rühren. Mit Salz abschmecken.

Das Fleisch auf beiden Seiten salzen und mit der Fettseite nach unten auf den Rost etwa 35 cm über der Glut mit mittlerer Temperatur legen. Etwa 20 Minuten grillen, bis die Fettseite goldbraun und knusprig ist.

Das Fleisch wenden und die Tomatensauce darauf verstreichen. Mit Schinken und Käse belegen. Mit Oliven und Oregano bestreuen und etwa 20 Minuten grillen, bis der Käse schmilzt und Farbe annimmt.

FARMACIA
DEL PUEBLO

BANCO
BUENOS

Rindfleisch
6–8 Portionen
Zeit
60 Minuten
Grill
niedrige Temperatur

Zutaten
ca. 1½–2 kg *vacío*, Flanksteak, siehe Seite 40
Salzflocken

Chili- & Knoblauchsauce
1 TL Chiliflocken
50 ml Speiseöl
2 Knoblauchzehen, gepresst
1 Prise Salz

vacío con aceite de ajo
Flanksteak mit Knoblauchöl

Der Bauchlappen ist ein rechteckiges Stück Fleisch. *Vacío* ist der Teil vom Bauchlappen, der etwas dicker ist und meist auch etwas mehr Fett und eine dünne Haut hat.

Zuerst etwas von der Fettschicht entfernen, wenn sie sehr dick ist. Das Fleisch rundum salzen und auf den Rost etwa 25 cm über den Kohlen mit niedriger Temperatur legen. Etwa 30 Minuten grillen.

Chili- & Knoblauchöl: Alle Zutaten mit dem Speiseöl verrühren und zur Seite stellen.

Stets darauf achten, dass Kohle nachgelegt wird. Bevor das Fleisch gewendet wird, sollte die Fettseite knusprig und goldbraun sein. Wenden und weitere etwa 30 Minuten grillen. Das *vacío* soll außen knusprig und innen saftig sein.

Das Fleisch 8 Minuten ruhen lassen und anschließend in etwa 2 cm dicke Scheiben schneiden. Mit dem Chiliöl oder *chimichurri* servieren.

Schweinefleisch
4 Portionen
Zeit
20 Minuten
Grill
hohe Temperatur

Zutaten
400 g *pluma*, *presa* oder *secreto ibérico*, siehe Seite 41, oder ein anderes dünnes Stück Schweinefleisch mit feiner Marmorierung
1 TL Speiseöl
Salz

Kräuterbutter
100 g Butter
½ TL frisch gemahlener schwarzer Pfeffer
1 TL Fenchelsamen
1 TL Koriandersamen

pluma con mantequilla
Schweinenacken mit Kräuterbutter

Ein sehr dünnes Schweinefleisch mit schöner Marmorierung, das bei hoher Temperatur schnell zubereitet wird und sofort verzehrt werden soll. Das Fett nimmt den Grillgeschmack auf und sorgt für saftiges Fleisch. Es gibt drei verschiedene Stücke, die auf die gleiche Weise zubereitet werden können: *pluma*, *presa* und *secreto* (das hat die kürzeste Zubereitungszeit der drei). Ich habe viel über diese Fleischstücke gelernt, als ich in Spanien gearbeitet habe.

Das zimmertemperierte Fleisch mit Haushaltspapier trockentupfen.

Kräuterbutter: Die Butter aus dem Kühlschrank nehmen, damit sie Zimmertemperatur annimmt. (Wenn es schnell gehen muss, kann die Butter kurz in der Mikrowelle erwärmt werden, ohne dass sie schmilzt.) Die Kräuter in einer heißen Pfanne ohne Fett einige Sekunden anrösten, bis sie duften. Die gerösteten Kräuter in den Mixer geben, zu Pulver verarbeiten und mit der temperierten Butter verrühren. Die Kräuterbutter ist im Gefrierschrank einige Monate haltbar.

Das Fleisch auf beiden Seiten salzen. Auf dem Rost etwa 20 cm über heißen Kohlen etwa 8 Minuten grillen, bis die Seite eine schöne Farbe hat. Wenden, mit der Butter bepinseln und weitere etwa 8 Minuten grillen, bis diese Seite ebenfalls eine schöne Farbe hat. Die Kerntemperatur kontrollieren, das Fleisch sollte bei etwa 65 °C gegart werden. Dabei ist zu beachten, dass die Temperatur noch um ein paar Grade steigt, wenn das Stück nach dem Grillen ruht.

Das Fleisch einige Minuten ruhen lassen. Wenn es sehr dünn ist, muss es nicht ruhen, man kann es sofort essen, bevor es kalt wird. Mit der Kräuterbutter bestreichen und salzen. Diagonal zur Faser in 1–2 cm dicke Scheiben schneiden.

Schweinefleisch
2–3 Portionen
Zeit
1 Stunde
Grill
niedrige Temperatur

Zutaten
1 kg *costillas de cerdo*, Schweinerippen (Spareribs, Schweinekamm), siehe Seite 40

Marinade
2 Zitronen, Schale fein abgerieben und ausgepresst
4 Knoblauchzehen, gepresst
4 TL Paprikapulver
2 TL Chiliflocken, gerne *ají molido* (gemahlene rote Chilischoten aus Argentinien, fruchtig und mittelscharf, erhältlich im Gewürzhandel oder Spezialitätengeschäft für südamerikanische Lebensmittel)
4 TL getrockneter oder frischer Estragon
2 TL Salz

costillas de cerdo
Schweinerippen

Damit die Kräuter nicht verbrennen, wird das Fleisch bei niedriger Temperatur gegart. Es sollte leicht rosa, aber nicht well done zubereitet werden, denn sonst wird es ziemlich trocken.

Alle Zutaten für die Marinade in einer Schüssel verrühren. Die Rippen hineinlegen und etwa 20 Minuten bei Zimmertemperatur marinieren.

Mit der Knochenseite nach unten auf den Rost etwa 25 cm über Kohlen mit niedriger Temperatur legen und etwa 30 Minuten grillen, bis das Fleisch eine schöne Farbe hat. Wenden und weitere 30–40 Minuten grillen, bis das Fleisch innen saftig und außen knusprig ist.

Das Stück zwischen den Knochen in Stücke schneiden und servieren.

Tipp: Man kann den Geschmack der Marinade selbstverständlich variieren oder das Fleisch nach derselben Zubereitungsmethode anstatt der Marinade mit Salz zubereiten, wie auf dem Bild.

> Wenn man Zeit sparen will, kann man die Schweinerippen vorkochen. Ich gare sie jedoch lieber langsam und lasse sie länger auf dem Grill, damit sie in ihrem eigenen Saft statt in Wasser garen.

Schweinefleisch
4–6 Portionen
Zeit
50 Minuten
Grill
hohe Temperatur

Zutaten
1 kg *matambre de cerdo*, Flanksteak vom Schwein, siehe Seite 41, alternativ ein Stück Schweinebauch
1 große rote Paprika, längs in Scheiben geschnitten
¼ Portion *chimichurri*, siehe Seite 166
1 Bund Frühlingszwiebeln, gehackt
Salz und frisch gemahlener schwarzer Pfeffer
Zahnstocher

matambrito de cerdo relleno
Schweine-rouladen

Ein *matambre* ist ein wunderbar marmoriertes Fleisch und eignet sich zum Grillen bei richtig hoher Temperatur. Wenn das Fleisch eine harte, dünne Haut hat, schneidet man sie ab, damit sich das Fleisch nicht zusammenzieht.

Wenn man ein langes Stück hat, belegt man eine Seite mit den Frühlingszwiebeln, der Paprika und der *chimichurri*, würzt mit Salz und Pfeffer und faltet dann die andere Seite darüber. Werden zwei kleinere Stücke zubereitet, gibt man die Füllung auf eines der Stücke und befestigt anschließend das zweite darauf mit Zahnstochern.

Die *matambrito de cerdo relleno* etwa 30 cm über Kohlen mit hoher Temperatur etwa 20 Minuten grillen, bis jede Seite außen knusprig ist und Farbe bekommen hat.

Vom Grill nehmen und einige Minuten ruhen lassen. Alle Zahnstocher entfernen und das Fleisch in etwa 3 cm breite Portionen schneiden. Gerne mit extra *chimichurri* servieren.

embutidos
Argentinische Würste

» Chorizo und *morcilla* muss man so heiß essen, dass es im Mund brennt – dann schmecken sie am allerbesten.

chorizo

Dies ist die typische argentinische Wurst und sie wird zu Beginn vom Asado serviert. Man verwendet sie auch für den beliebten Snack *choripán* (siehe Seite 125). Wichtig ist, dass die Wurst vorsichtig von allen Seiten gegrillt wird, bis die Haut knusprig und das Innere warm und saftig ist. Wenn die Haut platzt, tritt der Saft aus und die Wurst wird trocken.

Zutaten

etwa 1 m Schweinedarm, Durchmesser 38/40, etwa 3 cm breit
500 g grobes Schweinehackfleisch
500 g grobes Rinderhackfleisch
250 g Speck, fein gewürfelt
1 ½ EL Jodsalz
1 TL frisch gemahlener schwarzer Pfeffer
2 TL Chiliflocken
1 Msp. frisch gemahlene Muskatnuss
2 TL getrockneter Oregano
100 ml Rot- oder Weißwein
1 Lorbeerblatt
2 weiße Zwiebeln, etwa 100 g, fein gehackt
2 TL Speiseöl

Wurstfüller, alternativ Spritzbeutel
Küchengarn

Eine große Schüssel im Gefrierschrank kühlen.

Den Darm sorgfältig in kaltem Wasser waschen. Vor der Zubereitung 24 Stunden im Kühlschrank einweichen. Dadurch lässt sich der Darm leichter verarbeiten und platzt nicht so schnell.

Die Zwiebeln mit dem Öl und dem Lorbeerblatt in einen Topf geben und etwa 15 Minuten anschwitzen, bis die Zwiebeln weich sind, aber keine Farbe angenommen haben. Den Wein dazugießen und einige Minuten kochen. Abkühlen lassen und das Lorbeerblatt entfernen. Alle Zutaten mit dem Hackfleisch in die gekühlte Schüssel geben. Die Flüssigkeit gut untermischen, es soll keine Flüssigkeit am Boden der Schüssel übrig bleiben. Mindestens 1 Stunde im Kühlschrank stehen lassen, bevor die Würste hergestellt werden.

Um zu kontrollieren, ob genügend Salz und Gewürze in der Wurstfüllung sind, kann man einen kleinen Klecks der Füllung braten und dann probieren. Nachwürzen, wenn nötig.

Spritzbeutel

Ein Loch in den Spritzbeutel schneiden, das genau dem Durchmesser vom Füllstutzen entspricht (beides muss passen, eventuell einen hierzulande erhältlichen Standarddarm verwenden). Den Beutel mit Wurstmasse füllen, dabei Luftlöcher vermeiden und die Wurstmasse vorsichtig in den Füllstutzen füllen. Den Füllstutzen befeuchten, den Darm vorsichtig aufziehen und ein paar Zentimeter hängen lassen, ohne das Ende zu verknoten.

Langsam die gesamte Wurstmasse in den Darm füllen. Nach einer guten Wurstlänge (10–15 cm) den Darm so lange um die eigene Achse drehen, bis die Wurst die gewünschte Dicke hat. Auf diese Weise weiterarbeiten und den Darm immer in dieselbe Richtung drehen. Wenn alle Würste fertig sind, mit Küchengarn abbinden und die Würste mindestens 12, besser 24 Stunden im Kühlschrank ruhen lassen.

Wurstfüller (Fleischwolf mit Aufsatz)

Alle Teile der Maschine einige Stunden im Gefrierschrank kühlen.

Die Wurstmasse in die Maschine einfüllen und diese so lange laufen lassen, bis sie bis zur Öffnung vom Füllstutzen gefüllt ist.

Den Füllstutzen befeuchten und den Darm auf den Stutzen aufziehen und etwa eine Wurstlänge hängen lassen. Nicht verknoten, hier muss die Luft entweichen. Am Ende des Füllstutzens den Darm zwischen Daumen und Zeigefinger halten. Durch den Druck der Finger wird geregelt, wie schnell sich der Darm abwickelt, und damit die Dicke der Würste. Die Wurstmasse mit gleichmäßiger Geschwindigkeit durchlaufen lassen und versuchen, möglichst gleichmäßige Würste herzustellen. Die Maschine muss immer gefüllt sein, sonst entstehen Luftblasen in der Wurst.

Wenn die Wurst in etwa die gewünschte Länge (10–15 cm) erreicht hat, an beiden Enden fassen und wie ein Springseil zwischen den Händen rotieren lassen, bis die Wurst die gewünschte Dicke hat. So mit jeder zweiten weiteren Wurst verfahren und diese dabei immer in dieselbe Richtung rotieren/kreisen lassen. Dann mit Küchengarn verknoten und mindestens 12, besser 24 Stunden im Kühlschrank ruhen lassen. Wenn die Wurst direkt nach der Zubereitung gegrillt wird, verliert sie viel Flüssigkeit und wird trocken.

Zubereitung

Die Wurst rundum auf dem Rost etwa 20 cm über Kohlen mit mittlerer Temperatur etwa 25 Minuten grillen, bis die Haut knusprig ist und eine schöne Farbe hat. Mit niedrigerer Temperatur beginnen, damit sich die Wurstschnecke nicht verbiegt, und dann bei etwas höherer Temperatur grillen. So ist das Risiko, dass sie platzt, geringer.

morcilla

Morcilla ist eine gekochte Blutwurst mit dunkler Farbe. Manchmal wird sie auch nur gekocht und in dünne Scheiben geschnitten serviert. Die Hauptbestandteile sind Schweineblut, Schweinefleisch und große Stücke Schweinefett. Traditionell ist sie etwa 30 cm lang. Sie wird pur oder mit *salsa criolla* zu Beginn eines Asado serviert. Man kann sie auch für *morcipán* verwenden, siehe Seite 126. Wenn man kein kleineres Stück von der Schweinemaske bekommt, kann man auch eine ganze kaufen und den Rest zum Beispiel für *empanadas* oder einen Eintopf verwenden.

Zutaten

etwa 1 m Schweinedarm, etwa 6 cm breit oder so breit wie möglich
200 g Schweineblut
100 g Speck, fein gewürfelt
200 g Schweinemaske, fein gehackt
2 TL gemahlener Kreuzkümmel
1 EL Weizenmehl
½ TL gemahlene Muskatnuss
1 TL getrockneter Oregano
1 EL Salz
½ TL frisch gemahlener schwarzer Pfeffer
½ TL Paprikapulver
½ TL Chiliflocken
150 g Frühlingszwiebeln mit Kraut, fein gehackt
20 g Knoblauch, gepresst
20 g glatte Petersilie, fein gehackt

Wurstfüller, alternativ Spritzbeutel
Küchengarn

Den Darm sorgfältig in kaltem Wasser waschen. Vor der Zubereitung 24 Stunden im Kühlschrank einweichen. Dadurch lässt sich der Darm leichter verarbeiten und platzt nicht so schnell.

Das Stück von der Schweinemaske in einen Topf legen und mit kaltem Wasser bedecken. Aufkochen und einige Minuten kochen lassen. Wasser abgießen und wieder mit frischem kaltem Wasser auffüllen. Aufkochen und etwa 20 Minuten kochen lassen (bedeutend länger, wenn es eine ganze Schweinemaske ist). Abkühlen lassen, Fleisch, Fett und Haut ablösen und alles mit einem großen Messer klein hacken.

Das Blut mit allen übrigen Zutaten in einen Topf geben und auf etwa 20 °C erwärmen. Dadurch wird die Konsistenz fester und die Masse lässt sich besser in eine Wurstmaschine oder einen Spritzbeutel füllen.

Spritzbeutel

Ein Loch in den Spritzbeutel schneiden, das genau dem Durchmesser vom Füllstutzen entspricht. Den Beutel mit Wurstmasse füllen, dabei Luftlöcher vermeiden und die Wurstmasse vorsichtig in den Füllstutzen füllen. Den Füllstutzen befeuchten, den Darm vorsichtig aufziehen und ein paar Zentimeter hängen lassen, ohne das Ende zu verknoten.

Langsam und gleichmäßig die gewünschte Wurstlänge herstellen, ein Stück Darm ohne Füllung abziehen und abschneiden. Den Darm an beiden Enden um die eigene Achse drehen. Beide Enden mit Küchengarn abbinden und die Würste zu einem Ring formen. So lange weiterarbeiten, bis die Wurstmasse aufgebraucht ist.

Wurstfüller (Fleischwolf mit Aufsatz)

Alle Teile der Maschine einige Stunden im Gefrierschrank kühlen.

Die Wurstmasse in die Maschine einfüllen und diese so lange laufen lassen, bis sie bis zur Öffnung vom Füllstutzen gefüllt ist.

Den Füllstutzen befeuchten, den Darm auf den Stutzen aufziehen und etwa eine Wurstlänge hängen lassen. Nicht verknoten, hier muss die Luft entweichen. Am Ende vom Füllstutzen den Darm zwischen Daumen und Zeigefinger halten. Durch den Druck der Finger wird geregelt, wie schnell sich der Darm abwickelt, und damit die Dicke der Würste. Die Wurstmasse mit gleichmäßiger Geschwindigkeit durchlaufen lassen und versuchen, möglichst gleichmäßige Würste herzustellen. Die Maschine muss immer gefüllt sein, sonst entstehen Luftblasen in der Wurst.

Langsam und gleichmäßig die gewünschte Wurstlänge herstellen, ein Stück Darm ohne Füllung abziehen und abschneiden. Den Darm an beiden Enden um die eigene Achse drehen. Beide Enden mit Küchengarn abbinden und die Würste zu einem Ring formen. So lange weiterarbeiten, bis die Wurstmasse aufgebraucht ist.

Zubereitung

Vorsichtig in einem Topf mit Salzwasser etwa 20 Minuten ziehen lassen, um die Wurst zu garen. Die Haut darf nicht platzen und Blut austreten. Anschließend die Wurst in Eiswasser abkühlen und ungefähr 1 Stunde in den Kühlschrank hängen, damit die Haut trocknet.

Die Wurst rundum auf dem Rost etwa 25 cm über Kohlen mit mittlerer Temperatur ungefähr 20 Minuten grillen. Mit niedriger Temperatur beginnen, damit die Würste nicht platzen.

salchicha parrillera

Ursprünglich eine dünnere italienische Schweinefleischwurst, die in Argentinien sehr beliebt ist. Sie wird schön braun auf dem Grill und bekommt dadurch viel Geschmack.

Zutaten

etwa 1 ½ m Lammdarm, Durchmesser 20/22
1 kg Schweineschulter, fein gehackt
200 g Speck, fein geschnitten
1 ½ EL Jodsalz
4 Knoblauchzehen, gepresst
1 TL frisch gemahlener schwarzer Pfeffer
1 TL Chiliflocken
1 TL getrockneter Oregano
1 Msp. gemahlene Muskatnuss
100 ml Rotwein

8 dünne Grillspieße
Wurstfüller, alternativ Spritzbeutel
Küchengarn

Eine große Schüssel und das durchgedrehte Schweinefleisch im Gefrierschrank kühlen.

Den Darm sorgfältig in kaltem Wasser waschen. Vor der Zubereitung 24 Stunden im Kühlschrank einweichen. Dadurch lässt sich der Darm leichter verarbeiten und platzt nicht so schnell.

Alle Gewürze und den Wein in einen Topf geben, das gekühlte Fleisch und den Speck dazugeben.

Alles vermischen und die Flüssigkeit gut untermischen, sodass keine Flüssigkeit am Boden der Schüssel übrig bleibt. Mindestens 1 Stunde im Kühlschrank stehen lassen, bevor die Würste hergestellt werden.

Um zu kontrollieren, ob genügend Salz und Gewürze in der Wurstfüllung sind, kann man einen kleinen Klecks der Füllung braten und dann probieren. Nachwürzen, wenn nötig.

Spritzbeutel

Ein Loch in den Spritzbeutel schneiden, das genau dem Durchmesser vom Füllstutzen entspricht (beides muss passen, eventuell einen in Schweden erhältlichen Standarddarm verwenden). Den Beutel mit Wurstmasse füllen, dabei Luftlöcher vermeiden und die Wurstmasse vorsichtig in den Füllstutzen füllen. Den Füllstutzen befeuchten, den Darm vorsichtig aufziehen und ein paar Zentimeter hängen lassen, ohne das Ende zu verknoten.

Die lange Wurstschlange in der Mitte abdrehen und abschneiden. Anschließend alle vier Enden mit Küchengarn verknoten. Beide so entstandenen Wurstschlangen zu einer Schnecke legen und jeweils vier dünne Grillspieße von außen quer durch die Wurstschnecke schieben. Mindestens 12, besser 24 Stunden im Kühlschrank ruhen lassen. Wenn die Wurst direkt nach der Zubereitung gegrillt wird, verliert sie viel Flüssigkeit und wird trocken.

Wurstfüller (Fleischwolf mit Aufsatz)

Alle Teile der Maschine einige Stunden im Gefrierschrank kühlen.

Die Wurstmasse in die Maschine einfüllen und diese so lange laufen lassen, bis sie bis zur Öffnung vom Füllstutzen gefüllt ist.

Den Füllstutzen befeuchten, den Darm auf den Stutzen aufziehen und etwa eine Wurstlänge hängen lassen. Nicht verknoten, hier muss die Luft entweichen. Am Ende des Füllstutzens den Darm zwischen Daumen und Zeigefinger halten. Durch den Druck der Finger wird geregelt, wie schnell sich der Darm abwickelt, und damit die Dicke der Würste. Die Wurstmasse mit gleichmäßiger Geschwindigkeit durchlaufen lassen und versuchen, möglichst gleichmäßige Würste herzustellen. Die Maschine muss immer gefüllt sein, sonst entstehen Luftblasen in der Wurst.

Die Wurstschlange in der Mitte abdrehen und abschneiden. Anschließend alle vier Enden mit Küchengarn verknoten. Beide so entstandenen Wurstschlangen jeweils zu einer Schnecke legen und vier dünne Grillspieße von außen quer durch die Wurstschnecke schieben. Mindestens 12, besser 24 Stunden im Kühlschrank ruhen lassen. Wenn die Wurst direkt nach der Zubereitung gegrillt wird, verliert sie viel Flüssigkeit und wird trocken.

Zubereitung

Die Wurstschnecke rundum auf dem Rost etwa 20 cm über Kohlen mit mittlerer Temperatur etwa 15–20 Minuten grillen, bis die Haut knusprig ist und eine schöne Farbe hat. Mit niedrigerer Temperatur beginnen, damit sich die Wurstschnecke nicht verbiegt, und dann bei etwas höherer Temperatur grillen. So ist das Risiko, dass sie platzt, geringer.

Tipp: Wenn man keinen Darm zum Füllen bekommt, kann man die Wurstmasse auch in Frischhaltefolie wickeln. Dafür die Folie in der Länge von Würsten ganz eng um die Masse wickeln. 30 Minuten in den Kühlschrank legen, die Folie entfernen und die Würste vorsichtig grillen, ohne dass die Wurst auseinanderfällt.

» Ein Asado hat nichts mit Stress zu tun!

Lammfleisch
10–15 Portionen
Zeit
4–5 Stunden
Grill
niedrige Temperatur

Zutaten
10–15 kg *cordero*, ganzes Lamm, siehe Seite 41

Salzlake
3 ½ l Wasser
120 g Salz
6 Knoblauchzehen, geschält und gepresst
4 Lorbeerblätter
4 Rosmarinzweige oder andere geeignete Zweige mit Blättern
1 großer Rosmarinzweig oder 1 Lorbeerblatt (zum Bepinseln oder für eine Wassermischung in der Sprühflasche)

cordero a la cruz
Im Ganzen gegrilltes Lamm

Es kommt nicht so oft vor, dass wir ein ganzes Tier zubereiten, das geschieht vor allem bei Festlichkeiten, an denen wir lange beisammen sind. Mit dieser Technik kann man auch ein Schwein, Wildschwein oder eine halbe oder ganze Kuh zubereiten.

Bevor es losgeht, gibt es einiges ist zu bedenken:

Für das Feuer auf dem Boden muss eine große Fläche in der Landschaft ausgewählt werden.

Es sollte ein möglichst windstiller Ort sein.

Man benötigt ein Metallkreuz und rostfreien Draht, um das Lamm am Gestell zu befestigen. Wenn man kein fertiges Gestell im Handel findet, kann man es auch selber mit ein paar Metallstäben und Draht zum Verbinden des Kreuzes herstellen.

Salzlake
Das Wasser erwärmen und Salz dazugeben, umrühren, bis es sich aufgelöst hat. Das Lorbeerblatt sowie Rosmarin und Knoblauch dazugeben. Köcheln lassen und während des Grillens dazu benutzen, das Fleisch alle 20 Minuten mit einem großen Zweig zu bepinseln.

Tipp: Wird einem das Bepinseln zu heiß, kann man die Salzlake in eine Plastiksprühflasche füllen und das Fleisch alle 20 Minuten besprühen.

Lammfleisch vorbereiten
Zuerst Nieren und Leber entfernen, wenn sie nicht zusammen mit dem Lamm zubereitet werden sollen. In Europa bekommt man oft bereits ausgenommene Tiere.

Den Brustkorb vom Lamm aufschneiden, indem man das Brustbein zwischen dem rechten und dem linken Teil mit einer Säge aufsägt, sodass sich die Brust öffnen lässt. Die Rippenbögen kräftig auseinanderziehen, damit sich die Brust komplett öffnet. Einen Schnitt am Schenkel machen, damit das Fleisch besser auseinandergeklappt werden kann. Unerwünschte Partien am Hals oder größere Blutklumpen abschneiden.

” In Europa gibt es viele allgemein zugängliche und große Grillplätze in der Natur – die eignen sich ganz besonders für ein Asado, weil es sowohl Platz für einen Grill mit Rost als auch für ein separates Feuer gibt.

Bei der Zubereitung größerer Tiere wendet man indirekte Wärme an, so wie hier.

Das Fleisch soll die gesamte Zeit über möglichst feucht gehalten werden, damit es während der Zubereitung nicht austrocknet.

Auch größere Fettstücke oder Drüsen abschneiden. Es soll Fett am Tier bleiben, aber nicht in dicken Schichten. Das Lamm wenden und die Knochen auseinanderrücken, sodass das Fleisch gut bearbeitet werden kann, grobe Blutklumpen und unansehnliche Stücke abschneiden.

Das auseinandergespreizte Tier mit dem Hinterteil nach unten und dem Vorderteil nach oben am Metallkreuz befestigen.

Hinter- und Vorderbeine gut festbinden, damit der Körper stramm gestreckt ist. Am besten Stahldraht verwenden, den man nach der Zubereitung mit einer Zange abschneidet, dann sitzt das Fleisch fest am Gestell. Überflüssigen Draht abknipsen. Auch den Hals und das Hinterteil am Kreuz befestigen.

Das Lamm grillen

Es dauert etwa 4 Stunden, bis das Lamm eine knusprige Haut hat und fertig gegrillt ist.

Rundherum gut mit Salzlake bepinseln.

Das Kreuz mit dem Lamm so in den Boden stecken, dass die Innenseite in einem 40-Grad-Winkel zum Feuer zeigt, etwa 60–70 cm vom Feuer entfernt (siehe Bild Seite 87). Gut beobachten, von wo der Wind weht.

Etwa 2–3 Stunden grillen und die Innenseite alle 20 Minuten mit der Salzlake, die Hautseite einmal pro Stunde bepinseln.

Die andere Seite zur Glut drehen und weitere 1–2 Stunden grillen.

Die ganze Zeit das Feuer beobachten, damit das Fleisch nicht anbrennt. Notfalls das Kreuz anders aufstellen. Das Feuer sollte die ganze Zeit über gleichmäßig brennen. Die Idee ist, dass das Fleisch saftig wird und die Haut knusprig. Das Grillen sollte so lange dauern, bis das Fleisch wirklich gut ist, nicht hetzen, denn dann verbrennt das Fleisch und wird trocken.

Wenn das Lamm fertig ist, legt man es mit dem Kreuz auf ein großes Brett. Zuerst das Kreuz entfernen und dann das Lamm in kleinere Stücke teilen. Die Stücke mit der Haut nach oben legen, dann bleiben sie knusprig.

Mit Saucen und Zutaten nach Wahl servieren.

Lammfleisch
4–6 Portionen
Zeit
1 Stunde
Grill
hohe Temperatur

Zutaten
1 kg *costillas de cordero*, Lammkarree, siehe Seite 41
Salzflocken

Marinade für nach dem Grillen
1 Zitrone, fein abgeriebene Schale
1 EL glatte Petersilie, fein gehackt
½ Knoblauchzehe, gepresst
3 EL Speiseöl
frisch gemahlener schwarzer Pfeffer

costillas de cordero Lammkarree

Ein Lammkarree muss schnell zubereitet werden, damit das Fleisch nicht trocken wird. Dieses Stück ist eine schöne Variante für ein Asado. Je nachdem, wie fett das Fleisch ist, kann man den Rost höher aufhängen, damit es keine Flammen gibt.

Das zimmertemperierte Fleisch mit Haushaltspapier trockentupfen. Einige Zeit vor der Zubereitung salzen.

Marinade: Alle Zutaten für die Marinade verrühren und zur Seite stellen.

Das Fleisch mit den Knochen nach unten auf den Rost legen. Etwa 15 cm über der Kohle bei niedriger Temperatur 30–40 Minuten grillen, bis das Fleisch eine schöne Farbe hat. Die Grillzeit hängt von der Dicke des Fleisches ab, dünnere Stücke brauchen weniger lange.

Wenden und weitere 20 Minuten grillen, bis das Lammkarree außen knusprig und goldbraun und innen rosa und saftig ist.

Danach vom Grill nehmen, die Marinade darübergießen und das Fleisch zwischen den Knochen schneiden. Sofort servieren.

> Wichtig: Viele machen den Fehler und warten mit dem Grillen nicht, bis die Kohle gut durchgeglüht ist und die richtige Temperatur hat. Auf diese Weise gibt es Flammen durch Fett, das in die Kohle tropft, das Fleisch wird schwarz und schmeckt unangenehm.

Innereien
4 Portionen
Zeit
30–40 Minuten
Grill
mittlere Temperatur

Zutaten
1 *riñone* vom Kalb, Kalbsniere, etwa 500 g, siehe Seite 42
300 ml Weißweinessig
900 ml Wasser
2 Zitronen
Salzflocken

Marinade
7 g gehackte glatte Petersilie
1 kleine Knoblauchzwiebel, fein gehackt
2 EL Olivenöl
2 Prisen Salz
1 Prise frisch gemahlener schwarzer Pfeffer

riñones con ajo Nieren mit Knoblauch

Es ist wichtig, eine ganz frische Niere ohne Blutflecken oder merkwürdigen Geruch zu kaufen. Der Zitronensaft ist nötig, damit die Niere nicht trocken oder gummiartig wird.

Vorsichtig die Haut rundum und eventuelle Fettklumpen entfernen.

Essig und Wasser in eine große Schale gießen und die Niere 20 Minuten einlegen, um sie äußerlich zu säubern. Wenn man den strengen Geschmack von Nieren mag, muss man sie nicht einlegen, sondern kann sie sofort zubereiten. Mit einem Handtuch oder Haushaltspapier trockentupfen.

Marinade: Alle Zutaten in einer Schale verrühren.

Die Niere auf dem Rost etwa 20 cm über der Kohle bei mittlerer Temperatur etwa 20 Minuten grillen. Den Zitronensaft darübergeben, bevor die Niere gewendet wird, und weitere 20 Minuten grillen. Nach dem Wenden mit der Marinade bepinseln, damit die Niere den Geschmack von Knoblauch und Petersilie bekommt.

Die Niere sofort nach dem Grillen in etwa 2 cm dicke Scheiben schneiden. Mit den Salzflocken bestreuen und die restliche Marinade darüberträufeln.

Innereien
4 Portionen
Zeit
50 Minuten
Grill
mittlere Temperatur

Zutaten
2 *mollejas*, Kalbsbries, jeweils etwa 250–300 g pro Stück, siehe Seite 42
1 Zitrone
1 Prise Salz
1 Prise frisch gemahlener schwarzer Pfeffer

mollejas con limón
Kalbsbries mit Zitrone

Es gibt Bries im Hals vom Kalb und am Herzen. Das Kalbsbries aus der Nähe vom Herzen ist weniger bissfest und hat mehr Fett – ist also viel geschmackvoller. Aber wenn man das nicht bekommt, kann man natürlich »normales« Bries vom Hals verwenden.

Das Kalbsbries etwa 10 Minuten vor der Zubereitung rundum salzen.

Auf dem Rost etwa 25 cm über warmer Kohle auf jeder Seite etwa 20 Minuten grillen. Das Fett soll knusprig werden und das Innere saftig.

Das Bries nach dem Grillen auf ein Schneidebrett legen und den Zitronensaft darüber auspressen. Noch einmal salzen und etwas Pfeffer darübermahlen. In etwa 2 cm dicke Scheiben schneiden und sofort verzehren.

Innereien
4 Portionen
Zeit
40 Minuten
Grill
mittlere Temperatur

Zutaten
1 *corazón*, Rinderherz, siehe Seite 42, alternativ Lamm- oder Schweineherz, etwa 500 g
Salzflocken

Marinade
100 g Frühlingszwiebeln, fein gehackt
2 Knoblauchzehen, gepresst
2 TL Rotweinessig
1 TL Chiliflocken
2 EL Olivenöl
Salz

corazón Rinderherz

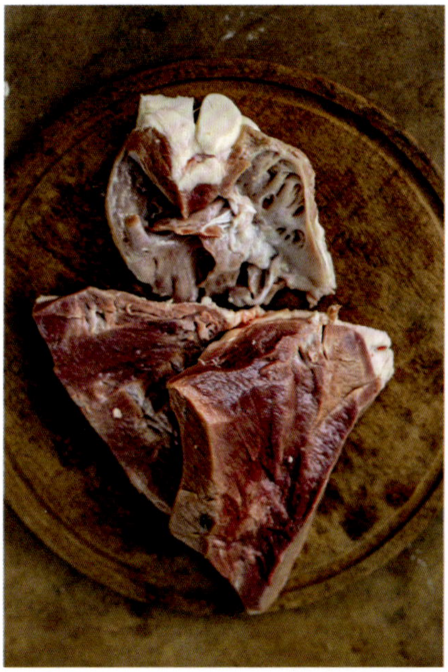

Das Rinderherz ist ein kräftiges Fleischstück, das in Argentinien sehr beliebt ist. Darauf achten, dass es nicht zu lange gegrillt wird, sonst wird es trocken und zäh.

Das Herz der Länge nach einschneiden und wie ein Buch aufklappen. Das dünne Stück mit den vielen Nerven (siehe links im Bild) wegwerfen. Das Herz ist ein Muskel ohne Fett im Inneren und mit nur wenig Fett rundherum.

Marinade: Alle Zutaten in einer Schüssel verrühren und zur Seite stellen.

Das aufgeklappte Herz etwa 15 cm über warmer Glut grillen. Jede Seite etwa 15 Minuten grillen, je nach Größe (wenn es ein dickes Stück ist, etwa 25 Minuten pro Seite).

Wenden und mit der Marinade bepinseln.

Die Kerntemperatur des fertig gegarten Herzens sollte etwa 55 °C betragen.

In etwa 2 cm dicke Scheiben schneiden und die restliche Marinade darübergießen. Eine zusätzliche Prise Salzflocken darüberstreuen.

Innereien
4–6 Portionen
Zeit
50 Minuten
Grill
mittlere Temperatur

Zutaten
1 kg *chinchulines*, Dünndarm vom Rind, siehe Seite 42
2 Zitronen
Salzflocken

Marinade
2 EL Paprikapulver (oder scharfes Paprikapulver)
1 TL Chiliflocken
3 Knoblauchzehen, gepresst
2 Lorbeerblätter
2 Zitronen, halbiert
1 EL Speiseöl

chinchulín
Rinderdünndarm

Chinchulín ist ein sehr beliebtes Asado-Gericht. Manche legen ihn 20 Minuten vor der Zubereitung in Wasser und Essig ein, um den Geschmack zu mildern, aber solange er wirklich frisch ist, reicht es meiner Meinung nach, ihn mit kaltem Wasser abzuspülen. Er sollte außen knusprig und innen weich werden. Wer möchte, kann für alle Zubereitungsarten (siehe unten) Marinade verwenden, aber dann wird der Darm etwas weniger knusprig. Und man muss beim Grillen aufpassen, dass die Marinade nicht verbrennt.

Den Darm in kaltem Wasser abspülen, eventuelle Fettklumpen abschneiden.

Nach dem Marinieren (falls gewünscht) etwa 30 Minuten in den Kühlschrank stellen (er ist sehr empfindlich in Bezug auf Wärme).

Den Darm etwa 20 Minuten ungefähr 25 cm über warmer Glut grillen. Wenden, den Saft von einer Zitrone darüber auspressen und weitere 20 Minuten grillen. Er soll eine schöne Farbe bekommen und außen knusprig und innen weich werden. Wenn er zu lange gegrillt wird, wird er trocken und gummiartig. Die zweite Zitrone halbieren und mit der Schnittseite nach unten etwa 15 Minuten grillen.

Die Zitrone vom Grill nehmen, über dem Darm auspressen und Salzflocken darüberstreuen.

Drei verschiedene Zubereitungsarten
Zopf: Er bekommt eine schöne Farbe außen, wird aber in der Mitte nicht richtig knusprig.

Orejitas – kleine Stücke: Er wird richtig knusprig, verliert aber Saft und hat weniger Geschmack.

Rolle: Er wird ungleichmäßig knusprig, behält aber den Geschmack und den Saft.

SALIDA DE
EMERGENCIA
SALVAVIDAS

GRACIAS POR
NO FUMAR
L.W 291
Lanchas
W.Di Giuseppe
W DI GIUSEP
0360 M

Hühnchen
6 Portionen
Zeit
1 Stunde
Grill
mittlere Temperatur

Zutaten
- 1 ganzes Hühnchen, etwa 2 kg
- 2–3 Zitronen
- 1 TL Salz

Kräuterpaste
- 1 TL Salz
- 1 TL frisch gemahlener schwarzer Pfeffer
- 1 TL Paprikapulver
- 1 EL Rosmarin, fein gehackt
- 1 EL Knoblauch, fein gehackt
- 1 TL Chiliflocken
- 2 Zitronen, Schale fein abgerieben (den Saft zum Auspressen aufheben)

pollo al limón Hühnchen mit Zitrone

Wenn man die Haut erst mariniert und dann grillt, verbrennt sie leicht. Deshalb mag ich die Zubereitung, bei der eine Kräuterpaste unter die Haut kommt, die dadurch richtig knusprig wird, ohne zu verbrennen.

Kräuterpaste: 1 TL Salz, Pfeffer, Paprikapulver, Rosmarin, Knoblauch und Zitronenschale in einer Schale verrühren. Lunge, Niere und andere Innereien aus dem Hühnchen entfernen, wenn das nicht schon gemacht ist. Den oberen Teil der Flügelspitzen und das Hinterteil abschneiden. Am Rücken längs in der Mitte mit einer Schere aufschneiden, sodass man das Hühnchen öffnen und flach hinlegen kann. Die Haut an der Brust und den Keulen vorsichtig lösen, ohne sie durchzuschneiden, sodass eine große Tasche entsteht. Die Kräuterpaste im Inneren vom Huhn und zwischen Haut und Brust verteilen. Auf der Außenseite der Haut sollte keine Kräuterpaste sein.

Den Saft von einer Zitrone über dem Huhn auspressen, sowohl innen als auch außen, und mit 1 TL Salz würzen.

Das Hühnchen mit den Beinen nach unten auf den Rost legen und etwa 20 cm über Kohle mit mittelhoher Temperatur etwa 30 Minuten grillen. Wenn die Farbe und die Konsistenz auf der Innenseite gut aussehen, wird das Hühnchen vorsichtig gewendet und auf der Hautseite etwa 20 Minuten gegrillt, bis diese knusprig ist. Ab und zu etwas Zitronensaft darüber ausdrücken und den Rest für später aufheben. Fertig gegart sollte die Kerntemperatur bei 75 °C liegen. Immer wieder glühende Kohle nachlegen und den Abstand zum Rost kontrollieren. Den Rost eventuell höher stellen, falls zu viel Fett vom Hühnchen tropft und Flammen entstehen.

Eine Weile ruhen lassen und dann in zehn Stücke schneiden – Keulen und Flügel abschneiden, die Brust von den Knochen lösen und jede Hälfte in drei Stücke teilen. Zum Schluss den restlichen Zitronensaft darüberträufeln und eventuell eine Prise Salz darüberstreuen.

Hühnchen
6–8 Portionen
Zeit
1 Stunde
Grill
mittlere Temperatur

Zutaten
1 ganzes Hühnchen, etwa 2–3 kg
100 g geräucherter Schinken
1 Zitrone, in dünne Scheiben geschnitten
Olivenöl
Salz

Füllung
1–2 rote Paprika, in dünne Streifen geschnitten
2 weiße Zwiebeln, in dünne Scheiben geschnitten
2 Knoblauchzehen, fein gerieben
1 EL getrockneter Oregano
1 Topf glatte Petersilie, fein gehackt
1 Topf Estragon, fein gehackt
½ TL frisch gemahlener schwarzer Pfeffer
1 EL Salzflocken

pollo relleno a las brasas
Gefülltes Grillhühnchen

Der Zwischenraum zwischen Haut und Fleisch wird mit Gemüse, Gewürzen und Schinken gefüllt, damit alles vom Saft des Hühnchens mariniert wird. So erhält man ein besonders saftiges Hühnchen sowie Garnitur und Gemüse noch dazu. Das Hühnchen muss langsam gegrillt werden, damit es gut durchgart und eine knusprige Haut bekommt.

Füllung: Paprika, Zwiebeln, Knoblauch, Oregano, Petersilie, Estragon, Salz und Pfeffer in einer Schüssel mischen.

Das Hühnchen vorbereiten: Den oberen Teil der Flügelspitzen, das Hinterteil und eventuelle Haut- und Fettstücke, die herunterhängen, abschneiden. Am Rücken längs in der Mitte mit einer Schere aufschneiden, sodass man das Hühnchen öffnen und flach hinlegen kann. Die Haut vom Hals bis zu den Keulen vorsichtig lösen, ohne sie durchzuschneiden, sodass eine große Tasche entsteht. Die Füllung in einer gleichmäßigen Schicht zwischen Hühnchenfleisch und Haut verteilen. Dabei so viel Oberfläche vom Hühnchen wie möglich bedecken, auch die Keulen. Die Schinkenscheiben in einer gleichmäßigen Schicht auf der Füllung auslegen, danach die Zitronenscheiben auf dem Schinken verteilen. Die Haut mit einigen Zahnstochern gut am Fleisch befestigen, sodass sie sich bei der Zubereitung nicht verschiebt und keine großen Öffnungen entstehen.

Das Hühnchen rundherum salzen, mit den Beinen nach unten auf den Rost legen. 20 cm über Kohlen mit mittlerer Temperatur etwa 25 Minuten grillen. Wenden und weitere 20 Minuten grillen, bis das Fleisch saftig und die Haut goldbraun und knusprig ist. Man kann einen kleinen Schnitt in den Schenkel machen – wenn die Flüssigkeit klar ist, ist das Fleisch fertig. Von Zeit zu Zeit glühende Kohlen nachlegen und den Abstand zum Rost kontrollieren. Den Rost eventuell höher stellen, falls zu viel Fett vom Hühnchen tropft und Flammen entstehen.

Servieren: Das Hühnchen rundherum mit Olivenöl bepinseln. Anschließend mit einem scharfen Messer zerteilen und Keulen, Flügel, Innenschenkel und Bruststücke herausschneiden.

Fisch
6–8 Portionen
Zeit
40 Minuten
Grill
hohe Temperatur

Zutaten
- 1 ganzer ausgenommener Fisch, etwa 1 ½–2 kg, z. B. Adlerfisch, Zander, Felchen, Forelle, Meeräsche, Regenbogenforelle
- 2 gelbe Zwiebeln
- 1 kg kleine Kartoffeln, in dünne Scheiben geschnitten
- 1 Zitrone
- 400 g Wachsbohnen, in Stücken
- 3–4 Oreganozweige
- 3 Knoblauchzehen, gehackt
- 1 EL Chiliflocken
- Zitronenverbene
- Speiseöl und Olivenöl
- Salz

pescado a la plancheta Fisch vom Backblech

Es ist herrlich, einen ganzen Fisch zu grillen, den man danach teilen und mit verschiedenen Saucen essen kann. Gut geeignet sind hierfür etwa ein gusseisernes Backblech mit hohem Rand oder ein großer Dutch Oven.

Die Zwiebeln mit Schale direkt in die Glut legen, immer wieder wenden und etwa 30 Minuten garen.

Das Backblech etwa 10 Minuten vor der Zubereitung direkt in die Glut legen.

Die Kartoffeln in ein paar Esslöffeln Speiseöl wenden und salzen.

Etwa 50–100 ml Speiseöl auf dem heißen Backblech erwärmen. Den Fisch auf das Backblech legen und dieses so ausrichten, dass der Kopf mehr Hitze als der Schwanz bekommt. So etwa 5 Minuten garen, je nach Dicke des Fisches.

Den Fisch wenden und die Kartoffelscheiben dazugeben. Der Fisch kommt auf eine Seite vom Backblech und die Kartoffeln auf die andere Seite. Gleichzeitig eine Zitrone direkt in der Glut grillen.

Nach 8 Minuten kommen die Bohnen, Oregano, Salz und Knoblauch auf das Backblech. Das Gemüse gelegentlich wenden, damit es eine schöne Farbe bekommt. Wenn die Kartoffeln gar sind, die gegrillten Zwiebeln in Stücke schneiden, mit den Chiliflocken dazugeben und einige weitere Minuten mitgaren. Die Zubereitungszeit beträgt insgesamt 25–30 Minuten.

Die Oreganozweige vor dem Servieren entfernen. Den Saft der gegrillten Zitrone über den Fisch pressen und das Olivenöl darüberträufeln.

Schalentiere
2 Snack-Portionen
Zeit
15 Minuten
Grill
hohe Temperatur

Zutaten
4 große küchenfertige Garnelen oder 8 kleinere

Sauce
1 Frühlingszwiebel, fein gehackt
1 EL glatte Petersilie, fein gehackt
2 TL Rotweinessig
4 EL Olivenöl
1 Prise gemahlener Kreuzkümmel
1 Knoblauchzehe, fein gehackt
Salz

langostinos a la parrilla
Gegrillte Garnelen

Garnelen gehören nicht zu einem traditionellen Asado, lassen sich aber gut auf dem Grill zubereiten und sind neben dem vielen Fleisch eine schöne Abwechslung. Auch wenn das Grillen der Garnelen schnell geht, sollte man die Sauce erst später dazugeben, damit die Kräuter nicht verbrennen. Die Sauce passt auch ausgezeichnet zu Lamm, Schweinefleisch und Fisch. Die Garnelen sind auch nur mit frisch gepresstem Zitronensaft sehr lecker.

Alle Zutaten für die Sauce in einer Schale verrühren.

Die Garnelen etwa 15 cm über heißer Glut auf den Rost legen. Die Glut soll richtig rot sein. Je nach Größe der Garnelen rechnet man mit etwa 3 Minuten pro Seite.

Die Schalen der fertig gegrillten Garnelen sollten weiß sein und nur etwas Farbe bekommen haben, auf keinen Fall sollten sie schwarz sein.

Die Garnelen mit der Sauce mischen und sofort servieren.

Kalmar
4 Snack-Portionen
Zeit
20 Minuten
Grill
hohe Temperatur

Zutaten
- 2 zehnarmige frische Kalmare
- ½ TL Chiliflocken
- 1 TL glatte Petersilie, fein gehackt
- 1 TL frisch gepresster Zitronensaft
- Olivenöl
- Salz

calamares a la parrilla
In der Glut gegrillter Tintenfisch

Bei diesem Rezept werden die Kalmare direkt in der Glut zubereitet. Auf diese Weise bekommen sie während des Grillens einen Rauchgeschmack und der Saft konzentriert sich im Fleisch. Sie werden von beiden Seiten gegrillt, die Mitte bleibt aber leicht roh.

Die Kalmare säubern und jeweils zu einem Rechteck schneiden.

Anschließend direkt in die heiße Glut legen. Etwa 2 ½ Minuten je Seite grillen, bis das Äußere fest wird und eine schöne Farbe hat. Es ist wichtig, dass es große, sehr heiße Glutstücke gibt, damit jedes Tintenfischstück auf ein Glutstück gelegt werden kann.

Sie sollten al dente gegart sein und außen eine schöne Farbe haben.

Aus der Glut nehmen und in dünne Streifen schneiden. Mit Olivenöl, Salz, Chiliflocken, Petersilie und Zitronensaft vermischen. Sofort servieren!

> Die Kohlen dürfen auf keinen Fall schon Asche gebildet haben, wenn der Tintenfisch aufgelegt wird, damit er nicht festklebt.

EMPANADAS

Empanadas sind unsere geliebten Teigtaschen. Jede argentinische Familie hat ein eigenes Rezept! Sie können mit Fleisch, Käse, Spinat oder Gemüse gefüllt werden und dann frittiert, auf dem Rost über einem Feuer gegrillt oder im Ofen gebacken werden. Der Ursprung der *empanadas* soll in Nordspanien liegen. Sie wurden bei argentinischen Arbeitern beliebt, weil sie lecker und praktisch waren. Heute werden *empanadas* im ganzen Land gegessen, sowohl zu Hause als auch auf der Straße direkt vom Imbiss. Außerdem haben wir eine Vorliebe für gute Sandwiches, gerne mit Fleisch vom Grill. Und warum nicht den richtigen Klassiker servieren, *choripán,* den es bei jedem Asado gibt! Auch etwas Kalbsbries in einem Sandwich ist wirklich lecker!

Teigtaschen
20–25 Stück
Zeit
20 Minuten
Grill
hohe Temperatur

Zutaten
330 g Weizenmehl
1 TL Salz
4 EL Speiseöl
150 ml Wasser
1 Ei

Hilfsmittel
Nudelholz
1 runde Ausstechform, etwa 13–14 cm Durchmesser

masa para empanadas
Teig für *empanadas*

Traditionell werden *empanadas* in Schmalz (Rinderschmalz) frittiert, aber man kann auch gewöhnliches Frittieröl oder eine Mischung aus Öl und Schmalz verwenden. Wenn man noch kein geübter Asador ist, sollte man lieber auf dem Herd als auf dem Grill frittieren. Oder man bereitet die *empanadas* im Ofen zu, bei 180–200 °C etwa 15 Minuten, nach der Hälfte der Zeit wenden. *Empanadas* eignen sich prima, wenn man auf das Asado wartet oder auch für ein Picknick.

Das Mehl in eine große Schüssel geben. Ein Loch in der Mitte machen und Salz, Öl, Wasser und Ei hineingeben. Mit den Händen vermischen und kurz zu einem glatten Teig kneten. Es ist wichtig, dass der Teig durch das Kneten eine gute Konsistenz bekommt, weil man kein Mehl beim Backen oder Falten mehr dazugeben sollte. Die Schüssel mit einem Handtuch abdecken und den Teig 30 Minuten bei Zimmertemperatur ruhen lassen.

Anschließend den Teig in drei gleich große Stücke teilen und eins nach dem anderen weiterverarbeiten. Ein Teigstück ausrollen, etwa 3 mm dick (wenn ich Teigfladen für *empanadas* zum Grillen vorbereite, rolle ich ihn etwas dicker aus, etwa 5 mm). Daraus so viele runde Teigstücke wie möglich ausstechen. Den restlichen Teig wieder kneten, ausrollen und neue Stücke ausstechen, bis das erste Teigstück verarbeitet ist.

Empanadas mit Füllung nach Wahl herstellen. Ich empfehle, sie direkt nach dem Ausstechen zu füllen.

Teigtaschen
etwa 20–25 Stück
Zeit
20 Minuten

Zutaten
20–25 runde Teigfladen für *empanadas*, siehe Seite 116
Öl zum Frittieren, alternativ 1 Ei zum Bepinseln, wenn sie im Ofen zubereitet werden

Füllung
500 g Rinderhackfleisch
500 g gelbe Zwiebel, fein gehackt
2 Knoblauchzehen, gepresst
50 ml Speiseöl
1 TL Chiliflocken
2 TL getrockneter Oregano
½ TL gemahlener Kreuzkümmel
1 ½ EL Paprikapulver
1 TL Salz
30 g grüne Oliven, gehackt
3 gekochte Eier, grob gehackt
2 EL Olivenflüssigkeit
eventuell 3 EL Rosinen, eingeweicht

empanadas de carne *empanadas* mit Fleisch

Dies ist die klassische Füllung. Hierfür wird Hackfleisch verwendet, aber man kann genauso gut fein gewürfeltes Fleisch verwenden.

In einem Topf Zwiebeln, Knoblauch und Salz in Öl bei mittlerer Temperatur anbraten. Deckel auflegen und braten, bis die Zwiebeln weich sind.

Die Zwiebeln herausnehmen und die Temperatur etwas erhöhen. Das Hackfleisch in den Topf geben. Kurz bevor es gar ist, kommen die Zwiebeln und alle getrockneten Gewürze dazu. Etwa 10 Minuten braten.

Topf vom Herd nehmen, die Olivenflüssigkeit dazugeben und gut verrühren. 5 Minuten abkühlen lassen. Danach Oliven, Ei und, wenn man mag, die Rosinen dazugeben. Alles mischen und mit dem Salz abschmecken. Komplett abkühlen lassen.

1 EL von der Füllung auf einen Teigfladen legen. Den äußeren Rand zur Hälfte mit etwas Wasser befeuchten und die Teigplatte zu einem Halbmond zusammenklappen. An den Kanten zusammendrücken und einfalten oder mit einer Gabel zusammendrücken.

Frittieren
In 200 °C heißem Öl etwa 5 Minuten frittieren, bis die Ränder goldbraun und kross sind.

Im Ofen
Die *empanadas* auf ein mit Backpapier belegtes Backblech legen. Mit dem verquirlten Ei bepinseln und im Ofen bei 200 °C etwa 15–20 Minuten backen, bis die Ränder goldbraun und kross sind.

Auf dem Grill
Auf dem Rost etwa 20 cm über der Glut bei mittlerer Temperatur etwa 5–10 Minuten auf jeder Seite grillen.

Teigtaschen
12 Stück
Zeit
20 Minuten

Zutaten
12 runde Teigfladen für *empanadas*, siehe Seite 116
140 g geräucherter Schinken in Scheiben, halbiert
240 g Port Salut, alternativ ein anderer gut schmelzender Käse
eventuell etwas Maizena, wenn der Käse sehr weich ist
Öl zum Frittieren, alternativ 1 Ei zum Bepinseln, wenn sie im Ofen zubereitet werden

empanadas de jamón y queso

empanadas mit Käse & Schinken

Die *empanadas*-Variante mit Schinken und Käse ist sehr beliebt in Argentinien. Man kann sie auch kräftig mit Chili würzen. Darauf achten, dass es Käse ist, der gut schmilzt.

Den Käse in rechteckige Stücke von etwa 20 g schneiden und jedes Stück mit einem Stück Schinken umwickeln. Falls der Käse sehr weich ist, zuerst in etwas Maizena wenden, das überschüssige Maizena abschütteln und dann mit dem Schinken umwickeln.

Je ein umwickeltes Käsestück in die Mitte eines Teigfladens legen. Den äußeren Rand zur Hälfte mit etwas Wasser befeuchten und dann die Teigplatte zu einem Halbmond zusammenklappen. An den Kanten zusammendrücken und einfalten oder mit einer Gabel zusammendrücken.

Frittieren
In 200 °C heißem Öl etwa 5 Minuten frittieren, bis die Ränder goldbraun und kross sind.

Im Ofen
Die *empanadas* auf ein mit Backpapier belegtes Backblech legen. Mit dem verquirlten Ei bepinseln und im Ofen bei 200 °C etwa 15–20 Minuten backen, bis die Ränder goldbraun und kross sind.

Auf dem Grill
Auf dem Rost etwa 20 cm über der Glut bei mittlerer Temperatur etwa 5–10 Minuten auf jeder Seite grillen.

Teigtaschen
8 Stück
Zeit
30 Minuten

Zutaten
8 runde Teigfladen für *empanadas*, siehe Seite 116
Öl zum Frittieren, alternativ 1 Ei zum Bepinseln, wenn sie im Ofen zubereitet werden

Zwiebelfüllung
4 gelbe Zwiebeln, in dünne Streifen geschnitten
2 EL Speiseöl
1 TL Chiliflocken
½ TL getrockneter Oregano
100 g gut schmelzender Käse, z. B. Raclettekäse, Port Salut, fein gerieben
1 Prise Salz

Spinatfüllung
2 Knoblauchzehen, gepresst
1 EL Olivenöl
200 g Blattspinat
100 g Schimmelkäse, in kleinen Stücken
¼ TL Muskatnuss, gerieben
100 g Hartkäse, z. B. Cheddar, fein gerieben
3 TL Maizena

empanadas de verduras
Vegetarische *empanadas*

Dies sind meine zwei Lieblingsfüllungen für *empanadas*, vor allem die mit Zwiebeln, die sehr saftig ist.

Zwiebelfüllung: Das Öl in einem Topf erhitzen, Zwiebeln, Salz und Gewürze dazugeben und alles braten, bis die Zwiebeln gar sind, ohne dass sie zu dunkel werden. Abkühlen lassen. Mit dem Käse in einer Schüssel vermischen.

Spinatfüllung: In einem großen Topf den Knoblauch anbraten, bis er etwas Farbe bekommen hat. Den Spinat dazugeben und auf ein Viertel der Menge zusammenfallen lassen. In einem Sieb abtropfen und abkühlen lassen. Mit den übrigen Zutaten bis auf das Maizena vermischen. Zum Schluss nach und nach etwas Maizena einstreuen und unterrühren, ohne dass Klumpen entstehen.

Jeden Teigfladen auf etwa 3 mm Dicke ausrollen (zum Grillen auf etwa 5 mm). 2–3 EL der Füllung in die Mitte geben. Den äußeren Rand zur Hälfte mit etwas Wasser befeuchten und dann die Teigplatte zu einem Halbmond zusammenklappen. Die Seiten zu einem Ring zusammendrücken (siehe Bild links).

Frittieren
In 200 °C heißem Öl etwa 5 Minuten frittieren, bis die Ränder goldbraun und kross sind.

Im Ofen
Die *empanadas* auf ein mit Backpapier belegtes Backblech legen. Mit verquirltem Ei bepinseln und im Ofen bei 200 °C etwa 15–20 Minuten backen, bis die Ränder goldbraun und kross sind.

Auf dem Grill
Auf dem Rost etwa 20 cm über der Glut bei mittlerer Temperatur etwa 5–10 Minuten auf jeder Seite grillen.

GOLDEN STAR FLOUR
pasta
DILL PICK
TOMATO

Sandwiches
4 Portionen
Zeit
30 Minuten
Grill
mittlere Temperatur

Zutaten
4 Chorizos, siehe Seite 82
4 kleine Baguettes oder 1 großes, in 15 cm lange Stücke geschnitten
½ Portion *chimichurri*, siehe Seite 166

choripán
Sandwich mit Chorizo

Ein argentinischer Snack-Klassiker – gegrillte Wurst im Brot mit Topping. Das Brot sollte am besten die gleiche Länge wie die Wurst haben.

Die Wurst auf dem Rost etwa 15 cm über den Kohlen mit mittlerer Temperatur rundherum etwa 25 Minuten grillen. Die Haut soll knusprig werden und Farbe bekommen.

Das Baguette aufschneiden, aber nicht ganz durchschneiden. Danach mit der Innenseite nach unten kurz auf den Grill legen, damit es warm wird und etwas Farbe bekommt.

Das Baguette mit *chimichurri* bestreichen, die Wurst hineinlegen und wieder *chimichurri* daraufgeben.

» Argentinien hat eine ausgeprägte Bäckereikultur mit vielen Brotvariationen, vor allem aus Weizenmehl, aber auch aus Blätterteig, die häufig mit Schmalz gebacken werden. Hier ein paar Beispiele:

Cremona: ein Brot, das mit Fett und Milch gebacken wird. Es wird in Stücke geteilt für kleine Sandwiches oder einfach so gegessen.

Librito (spanisch für »Büchlein«): ein Brötchen aus gefaltetem Blätterteig. *Libritos* sehen aus wie kleine Bücher, daher der Name.

Pan criollo: Baguette, das für *choripán* verwendet wird.

Trenza: ein geflochtenes Blätterteigbrot, das zur *picada* serviert wird. Oftmals wird die Butter durch Schmalz ersetzt.

Sandwiches
4 Portionen
Zeit
30 Minuten
Grill
mittlere Temperatur

Zutaten
1 lange *morcilla* oder 4 kleine, siehe Seite 83
4 kleine Baguettes oder 1 großes, in 15 cm lange Stücke geschnitten
1 Portion *salsa criolla*, siehe Seite 167

morcipán Sandwich mit Blutwurst

Argentinische *morcilla* hat im Vergleich zu anderen Blutwürsten einen ganz speziellen Geschmack und eine besondere Konsistenz. Es gibt zwei Varianten: klassische längere *morcilla* oder *morcilla bombón* (kleine kurze Würste).

Die Wurst auf dem Rost etwa 20 cm über Kohlen mit mittlerer Temperatur rundherum etwa 25 Minuten grillen, bis die Haut knusprig ist und Farbe bekommen hat.

Das Baguette aufschneiden, aber nicht ganz durchschneiden. Danach mit der Innenseite nach unten kurz auf den Grill legen, damit es warm wird und etwas Farbe bekommt.

Die *salsa criolla* auf das Brot geben, die Wurst hineinlegen und noch mal *salsa criolla* daraufgeben. Eine lange *morcilla* schneidet man in Stücke, die so lang wie die Baguettes/Baguettestücke sein sollten.

Tipp: Man kann *morcipán* auch mit *chimichurri* statt mit *salsa criolla* zubereiten.

Sandwiches
8 Portionen
Zeit
50 Minuten
Grill
mittlere Temperatur

Zutaten
1 Lammkeule mit Knochen, etwa 1 ½–2 kg
8 helle Sandwichbrote, z. B. Weizenbrötchen oder Baguette
1 Portion Salsa mit Zucchini, siehe Seite 173
1 rote Paprika
1 gelbe Paprika
3 EL Olivenöl
2 EL Dijonsenf
Salzflocken und frisch gemahlener schwarzer Pfeffer

pierna de cordero
Sandwich mit Lammkeulenfleisch

Ein wirklich leckeres und originelles Sandwich. Herbstlamm eignet sich dafür ganz besonders, weil es etwas mehr Fett und dadurch einen vollen Geschmack erhält.

Den Braten kräftig salzen und pfeffern.

Anschließend auf den Rost etwa 20 cm über Kohle mit mittlerer Temperatur legen und etwa 25 Minuten grillen. Den Rost auf 15 cm Abstand zur Kohle senken, die Lammkeule wenden und weitere 20 Minuten grillen. Glühende Kohlen nachlegen. Die Außenseite sollte knusprig und goldbraun werden und das Fleisch innen rosa bei etwa 65 °C Kerntemperatur sein.

Vom Grill nehmen und 10 Minuten ruhen lassen, bevor das Fleisch in Scheiben geschnitten wird.

Während die Keule gart, wird die Paprika direkt in der Glut etwa 3 Minuten auf jeder Seite gegrillt, insgesamt 12 Minuten. Schälen, entkernen und in Scheiben schneiden. Mit Olivenöl, Salz und Pfeffer würzen.

Das Sandwichbrot aufschneiden, aber nicht ganz durchschneiden und die Innenseite kurz auf dem Grill anwärmen. Das Brot mit Senf bestreichen, darauf die Zucchinisalsa geben und schließlich die Fleischscheiben und Paprika.

Sandwiches
4 Portionen
Zeit
50 Minuten
Grill
mittlere Temperatur

Zutaten
- 1 großes Kalbsbries, etwa 500 g
- 4 Weizenbrötchen oder kleine Brioches
- 1 Portion Pfirsichsalsa, siehe Seite 167, alternativ *salsa criolla*, siehe Seite 167
- Salzflocken und frisch gemahlener schwarzer Pfeffer

mollejas al pan
Sandwich mit Kalbsbries

Man sollte unbedingt Kalbsbries vom Herzen verwenden, wenn man es bekommen kann. Es ist mit Fett marmoriert und eignet sich besser zum Grillen als Kalbsbries vom Hals.

Die dünne Haut vom Kalbsbries so vorsichtig wie möglich entfernen, ohne dass das Fleisch zerfällt.

Salzen und pfeffern und auf dem Rost etwa 15 cm über Kohlen mit mittlerer Temperatur etwa 20 Minuten grillen. Wenden und weitere 20 Minuten grillen. Das Kalbsbries muss langsam gegrillt werden, damit es außen knusprig und innen zart wird. Nach Bedarf Kohlen nachlegen.

Vom Grill nehmen und in 2 cm dicke Scheiben schneiden. Etwas Salz darüberstreuen. Die Brötchen jeweils halbieren, ohne sie ganz durchzuschneiden. Die Salsa auf das Brot geben und zwei Scheiben Kalbsbries darauflegen.

Sandwiches
4 Portionen
Zeit
20 Minuten
Grill
mittlere Temperatur

Zutaten
4 Hamburgerbrötchen oder kleine Baguettes

Hamburger
500 g Rinderhackfleisch
3 Knoblauchzehen, gepresst
1 TL Chiliflocken
1 TL Salz
¼ TL frisch gemahlener schwarzer Pfeffer

Topping
8 Scheiben Sandwichkäse, z. B. Cheddar oder ein anderer Käse, der gut schmilzt
2 Tomaten, in Scheiben geschnitten
1 Frühlingszwiebel, in dünne Ringe geschnitten
½ Kopf Eisbergsalat, in dünne Streifen geschnitten
4 EL Mayonnaise
4 EL *chimichurri*, siehe Seite 166
Ketchup
Senf

hamburguesa
Hamburger

Hamburger sind ein einfaches Gericht, das es in vielen Varianten gibt. Wichtig ist, das Hackfleisch so kurz wie möglich mit den Gewürzen zu vermischen, damit es luftig und nicht zu fest wird.

Das Hackfleisch in eine Schale geben und die Kräuter darüberstreuen. Vermischen, ohne zu viel zu rühren. Das Hackfleisch in vier gleich große Kugeln teilen. Jede Kugel zu einem etwa 1 ½ cm dicken Burgerpatty flach drücken.

Auf dem Rost etwa 15 cm über Kohlen mit mittlerer Temperatur etwa 8 Minuten je Seite grillen, je nachdem wie die Pattys gegart werden sollen. Wenn sie innen rosa sein sollen, legt man nach dem Wenden Kohle nach und grillt sie kürzer. Nach dem Wenden zwei Käsescheiben auf jedes Patty legen und sie schmelzen lassen, während die Burgerpattys fertig grillen.

Die Innenseite der Brote kurz auf dem Grill anwärmen.

Die Mayonnaise auf die unteren Brothälften streichen, danach Ketchup und Senf. Den Salat auflegen, dann die Pattys und darauf Tomaten und Frühlingszwiebeln. Die *chimichurri* auf die oberen Brothälften geben und diese obenauf legen. Sofort essen!

Tipp: Am meisten Spaß macht es, wenn man seine eigene Hackfleischmischung für die Burger zubereitet. Fragen Sie beim Metzger nach der gewünschten Mischung oder kaufen Sie verschiedene Fleischstücke und bereiten Sie diese zu Hause selbst zu. Die Mischung sollte 10–12 % Fettanteil haben, damit die Pattys außen knusprig und innen saftig werden. Für vier Portionen benötigt man ungefähr 500 g Fleisch. Diese Fleischstücke eignen sich gut zum Mischen; gerne drei Sorten zusammen verwenden: Roastbeef, kleine Stücke vom Entrecote, *entraña*, Hochrippe und Filetspitze.

Sandwiches
4 Portionen
Zeit
30 Minuten
Grill
mittlere Temperatur

Zutaten
4 Hamburgerbrötchen

Hackfleisch
500 g Hühnerhackfleisch
12 g Salz
½ TL Chiliflocken
½ TL frisch gemahlener schwarzer Pfeffer
2 Knoblauchzehen, gepresst
2 kleine Frühlingszwiebeln mit Kraut, fein gehackt
1 kleine rote Paprika, fein gehackt

Topping
8 Scheiben Sandwichkäse, z. B. Cheddar oder ein anderer Käse, der gut schmilzt
8 Salatblätter
4 EL Mayonnaise
4 EL *chimichurri*, siehe Seite 166
Ketchup
Senf

hamburguesa de pollo
Burger mit Hühnchen

In diesem Hühnchenburger gibt es viele Kräuter und etwas Gemüse – das macht ihn interessanter, geschmackvoll und saftig. Am besten nimmt man lokales Gemüse nach Wahl. Für den Burger auf dem Bild (siehe Seite 131) habe ich zum Beispiel leckere lokale Avocados aus Campana ausgewählt.

Das Hackfleisch rechtzeitig in den Kühlschrank legen, damit es bei der Zubereitung gut gekühlt ist.

Alle Zutaten für die Burgerpattys in eine Schale geben und schnell vermischen, ohne zu viel zu rühren. Die Schale in den Kühlschrank stellen.

Das Hackfleisch in vier gleich große Kugeln teilen, die jeweils zu einem etwa 1½ cm dicken Patty geformt werden.

Auf dem Rost etwa 15 cm über Kohlen mit mittlerer Temperatur etwa 4 Minuten grillen. Wenden, auf jedes Patty zwei Käsescheiben legen und weitere 4 Minuten grillen. Die Innenseiten der Brötchen kurz auf dem Grill anwärmen.

Die Mayonnaise auf die unteren Brötchenhälften streichen und *chimichurri* daraufgeben. Als Nächstes die Salatblätter auflegen, dann die Pattys. Ketchup und Senf auf die oberen Brötchenhälften streichen und diese obenauf legen. Sofort essen!

ADORADO

Desde 1991

LAVAVAJILLA
ZANELLA

BEILAGEN

Ein Asado ohne *chimichurri* ist kein Asado. Wenn man unsere beliebte Sauce nicht mag, wird man es in Argentinien schwer haben – wir essen sie zu allem, besonders zum Asado, also zu Fleisch, gegrilltem Gemüse, *choripán* und so weiter. In diesem Kapitel finden Sie natürlich mein Rezept für *chimichurri*, aber auch Rezepte für meine anderen Lieblingssaucen und jede Menge grüne Beilagen und Salate. Schließlich gibt es auch noch einen süßen Abschluss mit *dulce de leche*, das wir Argentinier so lieben. Nach Salzigem braucht man immer etwas Süßes. Wenn Sie lieber etwas Fruchtiges haben wollen, ist ein Obstsalat ideal.

Beilage
4 Portionen
Zeit
30 Minuten
Grill
mittlere/hohe Temperatur, direkte Hitze

Zutaten
2 Auberginen
2 grüne Zucchini
2 rote Paprika

Servieren
5 EL Olivenöl
4 EL Rotweinessig
Basilikumblätter, zerpflückt
Salz und frisch gemahlener schwarzer Pfeffer

verduras asadas
Gegrilltes Gemüse

Es kann als Beilage oder als eigenständiges Gericht gegessen werden. Das Gemüse soll den natürlichen Grillgeschmack bekommen, deshalb wird es gewürzt, wenn es noch warm ist und Feuchtigkeit aufnimmt. Man kann so gut wie jedes Gemüse verwenden. Diese Zubereitungsart sorgt dafür, dass der Saft im Gemüse bleibt (vergleichbar mit einem Dampfkochtopf, der verhindert, dass der Geschmack der Lebensmittel verkocht).

Paprika und Auberginen können direkt in der Kohle rundherum gegrillt werden, bis sie weich sind und kräftig Farbe bekommen haben. Es macht gar nichts, wenn sie ein paar schwarze Flecke bekommen. Das Gemüse in eine Schüssel legen und mit Frischhaltefolie abdecken.

Die Haut von den Paprika abziehen, halbieren und entkernen. In lange Streifen schneiden.

Die Haut von den Auberginen abziehen, halbieren und entkernen. In lange Streifen schneiden und in einem Sieb abtropfen lassen, damit die restliche Flüssigkeit austritt.

Die Zucchini grillen, bis sie Farbe bekommen haben und gar sind. Vom Rost nehmen und in 1 cm dicke Scheiben schneiden.

Zucchini, Paprika und Auberginen auf einer Servierplatte leicht überlappend anrichten. Mit Olivenöl, Essig, Basilikum, Salz und Pfeffer würzen.

> Das Grillen von *asadas* ist in Argentinien erst seit jüngster Zeit verbreitet. Kein Gaucho würde Paprika und Tomaten für etwas anderes als Salsa grillen.

Gemüse grillen

Ich teile die Gemüse, die gegrillt werden sollen, in zwei Gruppen ein. Solche mit dicker Schale, die geschält werden, und solche, die nicht geschält werden.

Gemüse, das geschält werden muss, bereite ich bei hoher Temperatur zu, wie Auberginen, Paprika, Zwiebeln und Mais. Sie können auf dem Rost über Glut mit hoher Temperatur oder direkt in der Glut zubereitet werden. Das Wenden nicht vergessen, damit die Wärme rundherum an das Gemüse kommt, sonst verbrennen sie an einer Seite. Man sollte darauf achten, dass die Schale beim Grillen nicht versehentlich zu sehr beschädigt wird, denn die Flüssigkeit soll im Gemüse bleiben und es von innen garen. Wenn die Schale schwarz ist, ist das Gemüse gar, und man kann es mit den Händen schälen, wenn es etwas abgekühlt ist. Gegrillte Paprika lässt sich gut mithilfe von Wasser häuten, wenn die Schale schwer abgeht.

Gemüse, das nicht geschält werden muss, wie Brokkoli oder Blumenkohl, wird bei mittlerer Temperatur auf dem Rost gegrillt, damit es eine

schöne Farbe bekommt, aber nicht verbrennt. Vor der Zubereitung in kleinere Stücke teilen, damit es schneller gar wird.

Diese Gemüse kann man gut mit aromatisiertem Wasser oder mit Butter oder Öl bepinseln. Wenn man Fett verwendet, muss man aufpassen, dass man nur wenig nimmt – sonst tropft es in die Glut und es entstehen viele Flammen.

Gemüse kann auch sehr gut in einer gusseisernen Pfanne oder auf einem Backblech zubereitet werden. Es wird direkt auf der Glut oder auf einem Rost direkt über der Glut platziert. Für diese Zubereitung etwas Fett in die Pfanne geben und regelmäßig schwenken.

Salat kann halbiert und kurz auf einem Rost direkt über der Glut zubereitet werden. Oder man zerteilt ihn in einzelne Blätter, legt diese in ein Metallsieb und stellt es einige Sekunden auf die heiße Glut.

Beilage
4 Portionen
Zeit
30 Minuten
Grill
mittlere/niedrige Temperatur

Zutaten
4 gelbe Zwiebeln
1 Zitrone, halbiert

Dressing
2 Knoblauchzehen, fein gehackt
1 TL gemahlener Kreuzkümmel
1 TL geräuchertes Paprikapulver
4 EL Rotweinessig
4 EL Speiseöl
Salz und frisch gemahlener schwarzer Pfeffer

cebollas asadas Gegrillte Zwiebeln

Bei dieser Zubereitungsart konzentriert sich der Geschmack in den Zwiebeln. Die Zitrone wird gegrillt, damit der Saft, der später im Dressing verwendet wird, mehr Süße bekommt. Man kann auch die Schale der gegrillten Zitrone verwenden: Die gelbe Außenhaut abschneiden, hacken und über die Zwiebeln streuen.

Die Zwiebeln mit der Schale direkt in der Glut etwa 30 Minuten garen, bis sie komplett durchgegart sind. Sie sollen eine kräftige Farbe bekommen und auch ruhig kleine Blasen. Die Zitronenhälften mit der Schnittseite nach unten auf dem Rost etwa 20 cm über warmer Glut 15 Minuten grillen, bis sie Farbe bekommen haben.

Die Zutaten für das Dressing verrühren, während die Zwiebeln garen.

Die Zwiebeln schälen und in einzelne Lamellen teilen. Mit dem Dressing vermengen und servieren.

Hier sieht man, wie der Saft aus den Zwiebeln austritt, die durch diese Zubereitungsart sehr süß werden. Man legt sie in die Glut, bis sie orangegelb und karamellisiert sind.

Beilage
4 Portionen
Zeit
10 Minuten
Grill
mittlere Temperatur

Zutaten
- 8 Frühlingszwiebeln mit grünem Kraut
- 15 g glatte Petersilie, gehackt

Dressing
- 2 Zitronen
- 6 EL Speiseöl
- 1 Knoblauchzehe
- Salz und frisch gemahlener schwarzer Pfeffer

cebollas de verdeo asadas Gegrillte Frühlingszwiebeln

In Argentinien bekommt man hellviolette, superzarte kleine Zwiebeln, die etwas dicker sind als Frühlingszwiebeln. Sie sind in ein paar Minuten gar, während dickere Frühlingszwiebeln etwas länger brauchen. Die Zitrone wird durch das Grillen karamellisiert und man kann auch bedeutend mehr Saft auspressen.

Den Knoblauch fein reiben sowie die Zitronenschale abreiben und beides in eine Schale geben. Mit dem Öl verrühren und mit Salz und Pfeffer abschmecken.

Die Zitronen halbieren und mit der Schnittseite nach unten auf dem Rost etwa 20 cm über warmer Glut 15 Minuten grillen, bis sie Farbe bekommen haben.

Die Zwiebeln halbieren, salzen und bei niedriger Temperatur mit der Hautseite nach unten etwa 5 Minuten grillen, bis sie Farbe bekommen haben. Wenden und weitere 5 Minuten grillen, bis sie leicht angebrannt und karamellisiert aussehen. Eventuell stark verbrannte Schale entfernen.

Den Saft aus den gegrillten Zitronen für das Dressing auspressen und mit den übrigen Zutaten verrühren.

Die Zwiebeln auf eine Servierplatte legen und das Dressing darübergießen. Petersilie darüberstreuen und mit Salz und Pfeffer abschmecken.

Beilage
4–6 Portionen
Zeit
40 Minuten
Grill
mittlere Temperatur

Zutaten
500 g feste Kartoffeln mit Schale, in 3 x 3 cm große Würfel geschnitten
2 gelbe Zwiebeln, in dünne Scheiben geschnitten
100 g Prosciutto, gewürfelt
200 ml Speiseöl
2 TL getrockneter Oregano, alternativ frischer Rosmarin, fein gehackt
Salz und frisch gemahlener schwarzer Pfeffer

Kochgeschirr
1 gusseiserne oder andere hitzebeständige Pfanne

papas doradas Gebratene Kartoffeln

Dies ist kein traditionelles argentinisches Gericht, sondern eines, das ich persönlich gerne zubereite und zu allem esse, was ich grille. Die Kartoffeln lassen sich gut auf einer Seite vom Grill zubereiten, während auf der anderen Seite andere Sachen gegrillt werden. Sie sollten erst Farbe bekommen haben, bevor die Zwiebeln dazugegeben werden. Die Zwiebeln sollen nicht verbrennen, sondern mehr schmoren und locker zwischen den Kartoffeln gegrillt werden. Der Prosciutto ist an sich schon salzig, deshalb unbedingt probieren, bevor Salz dazugegeben wird.

Die gusseiserne Pfanne (oder eine andere hitzebeständige Pfanne) 10–15 Minuten vor der Zubereitung direkt auf die Glut stellen, damit sie bereits vor der Zugabe der Kartoffeln schön warm ist.

Das Öl, die Kartoffeln und eine Prise Salz in die warme Pfanne geben. Die Kartoffeln garen, bis sie goldbraun sind, und nicht zu viel schwenken. Wenn die Kartoffeln halb gar sind, nach etwa 20 Minuten, kommen die Zwiebeln dazu.

Wenn die Kartoffeln und die Zwiebeln weich sind, kommt der Prosciutto dazu und alles wird einen kurzen Moment weitergegrillt, damit das Fett austritt.

Alles auf einen Servierteller geben, wenn man Angst hat, sich zu verbrennen. Ansonsten kann das Gericht in der Pfanne serviert werden. Mit Oregano, Salz und Pfeffer abschmecken.

Beilage
4 Portionen
Zeit
1–2 Stunden
Grill
hohe/niedrige Temperatur

Zutaten
4 große Kartoffeln
Butter
Salz und frisch gemahlener schwarzer Pfeffer

Hilfsmittel
Alufolie

papas al plomo
Gebackene Kartoffeln

Wenn man etwas in Folie gart, bleibt die Feuchtigkeit erhalten und das Gemüse wird in seinem eigenen Saft gegart. Diese Zubereitungsart eignet sich auch gut für Süßkartoffeln und Auberginen.

Die Kartoffeln waschen und in Folie wickeln.

Auf den Rost über heiße Glut legen, jede Seite etwa 15 Minuten grillen (Kartoffeln haben drei Seiten, also 3 x 15). Wenn die Glut schwacher wird, die Kartoffeln direkt in die Glut legen, jede Seite 15 Minuten grillen, eventuell noch 15 Minuten extra.

Die Kartoffeln aus der Glut nehmen und als Beilage zu Gegrilltem essen, gerne mit Butter, Mayonnaise oder einer Sauce.

Beilage
4 Portionen
Zeit
15 Minuten
Grill
mittlere Temperatur

Zutaten
300 g Champignons, gerne kleine Portobellos oder Waldchampignons
100 ml Speiseöl
1 Knoblauchzehe, halbiert
1 Rosmarinzweig
2 EL Schnittlauch, fein gehackt
Salz und frisch gemahlener schwarzer Pfeffer

hongos asados
Gegrillte Pilze

Dieses Gericht lässt sich gut zubereiten, während das Fleisch ruht, denn man benötigt schwache Glut. Dann sind die Pilze gleichzeitig mit dem Fleisch fertig. Dieses Gericht wird warm gegessen, sobald es fertig ist. Erst hinterher wird gesalzen, damit während des Grillens nicht zu viel Wasser aus den Pilzen austritt.

Das Öl in eine kleine feuerfeste Form gießen und ausreichend erwärmen, ohne dass es zu heiß wird.

Die Champignons hineingeben, etwa 5 Minuten garen und gelegentlich rühren. Den Knoblauch und den Rosmarinzweig dazugeben und weitere 6–8 Minuten garen, bis die Champignons Farbe bekommen haben.

Salzen und pfeffern und Schnittlauch dazugeben.

Beilage
4 Portionen
Zeit
10 Minuten

achicoria
Zuckerhut

Zutaten
- 2 Köpfe Zuckerhut, alternativ Endivie (sie ist geschmacklich ähnlich), ansonsten irgendein grüner Blattsalat

Dressing
- 2 Knoblauchzehen, fein gehackt
- 6 EL Speiseöl
- 3 EL Weißweinessig
- 2 Prisen Salz

Zuckerhut hat dunkelgrüne Blätter mit bitterem Geschmack. Dieser Salat ist die Lieblingsbeilage meines Papas, deshalb bereiten wir ihn immer zu.

Alle Blätter sorgfältig waschen, mit einem Handtuch trocknen und in 2 cm große Stücke schneiden.

Dressing: Knoblauch, Öl, Essig und Salz in einer Schale verrühren. Den Salat mit dem Dressing vermengen.

Beilage
4 Portionen
Zeit
15 Minuten
Grill
hohe Temperatur

Zutaten
1 Salatkopf, z. B. Endiviensalat, Eisbergsalat, Römersalat oder Blattspinat (wie auf dem Bild)

Dressing
2 EL Olivenöl
1 Prise Salz
1 Prise frisch gemahlener schwarzer Pfeffer
einige Tropfen frisch gepresster Zitronensaft

lechuga a la parrilla Gegrillter Salat

Eine einfache Möglichkeit, einen Salat zuzubereiten, der viel Geschmack hat und gut zu einem Asado passt. Knackiger, fester Salat, der viel Feuchtigkeit enthält, eignet sich am besten, weil er nicht so schnell zusammenfällt.

Alle Zutaten für das Dressing in einer Schale verrühren.

Den Salat waschen und trocknen. Die Salatblätter in ein Metallsieb legen und grillen: Das Sieb etwa 10–20 Sekunden auf die heiße Glut stellen. Nur so lange, bis der Salat leicht angesengt ist und ein wenig Feuergeschmack bekommen hat.

Dressing und Salat vermengen und servieren.

Beilage
2 Portionen als Hauptgericht, alternativ 4 Portionen als Beilage
Zeit
30 Minuten
Grill
mittlere Temperatur

Zutaten
- 2 große rote Paprika
- 100 g geriebener Parmesan
- 100 g Port Salut oder ein anderer Käse, der gut schmilzt, gerieben
- 2 Frühlingszwiebeln, fein gehackt
- 100 g gekochter Schinken, fein gehackt
- 3 EL grüne Oliven, gehackt
- 4 kleine Eier
- 7 g glatte Petersilie, fein gehackt
- Salz und frisch gemahlener schwarzer Pfeffer

morrón asado y relleno Gefüllte Grillpaprika

Die gefüllte Paprika kann als Hauptgericht oder als Beilage gegessen werden. Jedes Land hat eine eigene Version von gefüllter Grillpaprika, aber in Argentinien fügt man ein Ei hinzu. Dies ist ein gutes Gericht, das man auch als vegetarische Variante servieren kann, weil es sättigend ist. In Argentinien essen wir es vor allem, wenn wir ein etwas kleineres Asado veranstalten – ein Fleischgericht, Paprika und ein paar Beilagen.

Die Paprika der Länge nach halbieren und die Kerne entfernen.

Käse, Frühlingszwiebeln, Schinken, Oliven und Pfeffer in einer Schale vermengen.

Die Paprikahälften mit der Mischung füllen und in der Mitte eine ausreichende Vertiefung für das Ei machen. Je ein Ei in eine Paprikahälfte aufschlagen.

Auf dem Rost etwa 20 cm über warmer Glut 20 Minuten grillen, bis das Ei gar ist und die Paprika weich. Sie soll außen nicht schwarz werden. Salzen und pfeffern und mit Petersilie bestreuen.

Beilage
4 Portionen
Zeit
10 Minuten

Zutaten
400 g gekochte braune Linsen, alternativ grüne Linsen oder weiße Bohnen
3 Knoblauchzehen, gepresst
14 g fein gehackte glatte Petersilie
3 EL Rotweinessig
100 ml Olivenöl
Salz und frisch gemahlener schwarzer Pfeffer

ensalada de lentejas
Linsensalat

Den Salat am besten einen Tag vorher zubereiten, damit er gut durchziehen kann. Man kann ihn zu allem Möglichen essen. Am allerbesten wird er mit selbst gekochten Linsen, die in Wasser über Nacht gut eingeweicht und dann weich gekocht werden.

Alle Zutaten in einer Schale vermengen und mit Salz und Pfeffer abschmecken. Wenn der Salat am Tag vorher zubereitet wird, stellt man ihn in den Kühlschrank und schmeckt ihn vor dem Servieren noch einmal ab. Wenn man ihn am gleichen Tag zubereitet, kann man einen Teil der Linsen ein wenig zerdrücken, damit sie etwas Marinade aufsaugen.

Beilage
4 Portionen
Zeit
5 Minuten

Zutaten
4 große rote Tomaten, in 1 cm dicke Scheiben geschnitten
½ TL getrockneter Oregano
Basilikumblätter
Olivenöl
Salzflocken und frisch gemahlener schwarzer Pfeffer

ensalada de tomates Tomatensalat

Die Tomaten erst kurz vor dem Servieren mit dem Dressing anmachen, sonst verlieren sie zu viel Saft.

Die Tomatenscheiben auf einen großen Servierteller legen. Olivenöl darübergeben, mit Oregano, Salz und Pfeffer würzen und mit den Basilikumblättern garnieren.

Beilage
4 Portionen
Zeit
5 Minuten

Zutaten
1 Kopf Römersalat
1 Bund Wasserkresse, alternativ Rucola
50 g Blattspinat
1 Frühlingszwiebel, in dünne Streifen geschnitten

Senfdressing
1 TL Dijonsenf
2 EL Rotweinessig
50 ml Olivenöl
Salz und frisch gemahlener schwarzer Pfeffer

ensalada de lechugas Grüner Blattsalat

Ich liebe frische und knackige Salatblätter. Der Kontrast zum Fleisch ist fantastisch und das säuerliche Dressing ist ein gutes Gegengewicht zum Fett im Fleisch.

Die Salate gründlich waschen und abtropfen lassen. Eventuelle harte Stücke abschneiden und die Blätter mit den Händen in Stücke reißen. Anschließend mit den Frühlingszwiebeln in eine große Schale geben.

Die Zutaten für das Dressing mischen.

Das Dressing mit den Salatblättern vermengen und servieren.

Beilage
4 Portionen
Zeit
5 Minuten

Zutaten
1 Bund Radieschen, in Stücke geschnitten
2 EL Olivenöl
Saft von ½ Zitrone
Salz

ensalada de rábano
Radieschensalat

Argentinische Radieschen haben einen kräftigen Geschmack. Damit ähneln sie eher den selbst gezogenen Radieschen in Europa als denen, die man im Geschäft kauft. Dies ist ein sehr einfacher Salat, der kräftig und knackig schmeckt, wenn man gute Radieschen verwendet.

Die Radieschen mit Olivenöl, Zitronensaft und Salz vermengen.

Beilage
4 Portionen
Zeit
15 Minuten

Zutaten
1 große Landgurke, alternativ eine Salatgurke, geschält
feines oder grobes Salz

ensalada de pepino
Gurkensalat

Landgurken haben eine bittere Schale, dafür sind sie knackiger und haben größere Kerne. Die Gurkenscheiben werden mit Salz angemacht, das verhindert saures Aufstoßen.

Die Gurkenscheiben auf einen großen Servierteller legen und salzen. 10 Minuten bei Zimmertemperatur stehen lassen.

Salsa
etwa 400 g
Zeit
10 Minuten

Zutaten
1 kleine Knoblauchzwiebel, fein gehackt
28 g glatte Petersilie, gehackt
1 TL Chiliflocken
2 EL getrockneter Oregano
½–1 TL Salz
50 ml Rotweinessig
300 ml neutrales Öl
50 ml Wasser

chimichurri
chimichurri

Die traditionellste Sauce für ein argentinisches Asado. Es gibt Milliarden von Rezepten und jeder hat eine eigene Version. Das hier ist mein Rezept. Ich finde, dass die Sauce zu allen Fleisch- und Gemüsesorten passt und nach ein paar Tagen im Kühlschrank noch besser schmeckt. Wer gerne grillt, dem empfehle ich, die doppelte Menge zuzubereiten, dann hat man immer etwas im Kühlschrank griffbereit.

Alle Zutaten in einem gut verschließbaren Gefäß verrühren. Mit dem Salz abschmecken. Verschließen, gut schütteln und dann ein paar Tage im Kühlschrank ziehen lassen.
Wichtig: Die Dose vor jedem Gebrauch gut schütteln.

In argentinischen *parrilla*-Restaurants ist es üblich, zu jeder Mahlzeit Brot, *chimichurri* und *salsa criolla* zu servieren. Manchmal bekommt man zusätzlich auch eine Mayonnaise und andere Saucen.

Salsa
6–8 Portionen
Zeit
15 Minuten

Zutaten
2 rote Pflaumentomaten, entkernt und fein gewürfelt
1 rote Paprika, fein gewürfelt
½ grüne Paprika, fein gewürfelt
½ Knoblauchzehe, gepresst
1 große weiße Zwiebel, alternativ 2–3 Schalotten, fein gewürfelt
½ TL Chiliflocken
1 EL Rotweinessig
2 EL Olivenöl
2 TL glatte Petersilie, fein gehackt
Salz und frisch gemahlener schwarzer Pfeffer

salsa criolla Salsa mit Gemüse

Salsa criolla ist fast genauso beliebt wie *chimichurri*. Auch hierfür hat jeder sein eigenes Rezept – und verwendet es für alles!

Alle Zutaten in einer Schale verrühren. Mit Salz und Pfeffer abschmecken.

Vor dem Servieren mindestens 1 Stunde in den Kühlschrank stellen, damit sich der Geschmack entwickeln kann. Vor dem Servieren wieder mit Salz und Pfeffer abschmecken. Man kann die Salsa auch mit fein gehackter glatter Petersilie garnieren. Sie ist einige Tage im Kühlschrank haltbar.

Salsa
4 Portionen
Zeit
10 Minuten

Zutaten
2 Pfirsiche, fein gewürfelt
50 g Zuckerhut, alternativ Endivie, in dünne Streifen geschnitten
1 EL Rotweinessig
2 ½ EL Olivenöl
½ Knoblauchzehe, fein gehackt
Salzflocken und frisch gemahlener schwarzer Pfeffer

salsa de durazno Salsa mit Pfirsich

Damit diese Salsa richtig gut schmeckt, nur so süße und reife Pfirsiche wie möglich verwenden.

Alle Zutaten vermengen und mit Salz, Pfeffer und Essig abschmecken.

Öl
10–12 Portionen
Zeit
5 Minuten

Zutaten
- 8 Soloknoblauch oder eine ganze Knoblauchzwiebel
- 300 ml Speiseöl
- 2 TL Chiliflocken, gerne *ají molido* (gemahlene rote Chilischoten aus Argentinien, fruchtig und mittelscharf, erhältlich im Gewürzhandel oder Spezialitätengeschäft für südamerikanische Lebensmittel)
- 2 Lorbeerblätter
- 1 TL Salz

aceite de ajo Knoblauchöl

Knoblauch ist eine der wichtigsten Zutaten der argentinischen Küche. Er schmeckt nicht nur selbst gut, sondern verleiht auch vielen anderen Zutaten Geschmack und hebt deren Aromen hervor. Dieser Grundgeschmack ist unverzichtbar! Außerdem passt Knoblauch sehr gut zu Säure und Fett. *No garlic, no fun!*

Den Knoblauch schälen und eventuell den Spross in der Mitte entfernen. Den Knoblauch mit einer Knoblauchpresse in das Öl pressen und Chiliflocken und Lorbeerblätter dazugeben. Alles vermischen und im Kühlschrank gerne etwa 1 Monat stehen lassen, damit sich der Geschmack gut entwickelt. Das Öl ist mindestens 6 Monate haltbar.

Mayonnaise
6–8 Portionen
Zeit
10 Minuten

Zutaten
1 Ei
2 Knoblauchzehen, gepresst
250 ml Speiseöl
1 TL Dijonsenf
1 EL Apfel-Cidre-Essig
1 Prise Salz

mayonesa de ajo
Knoblauch-mayonnaise

Sie darf nie fehlen! Knoblauchmayonnaise ist so vielfältig und wirklich typisch für die Zubereitung von Lebensmitteln in Argentinien. Man kann sie sehr gut im Voraus zubereiten. Ich finde, sie passt zu allem, vom Sandwich über Fleisch bis zum Salatdressing.

Ei, Knoblauch, Öl, Senf und Essig in eine hohe schmale Rührschüssel geben. Den Stabmixer auf den Boden der Rührschüssel stellen und alles zu einer dickflüssigen Mayonnaise aufschlagen. Mit Salz abschmecken.

Die Mayonnaise lässt sich auch ohne Mixer zubereiten: Ei, Knoblauch, Senf und Essig in einer Schüssel verrühren. Das Öl tröpfchenweise dazugeben und mit einem Schneebesen kräftig schlagen, bis eine dickflüssige Mayonnaise entsteht. Mit Salz abschmecken.

Butter
4 Portionen
Zeit
25 Minuten
Grill
mittlere Temperatur

Zutaten
2 ganze Knoblauchzwiebeln
200 g Butter, zimmerwarm
1 EL Thymian, fein gehackt
1–2 TL Salzflocken
1 Prise frisch gemahlener schwarzer Pfeffer

manteca de ajo asado
Butter mit gegrilltem Knoblauch

Die Spitze vom Knoblauch so abschneiden, dass die Zehen noch zusammenhängen. Den Knoblauch mit der Schnittseite nach unten auf den Rost legen und etwa 25 cm über warmer Glut etwa 20 Minuten grillen. Die Zehen dürfen nicht schwarz werden, sonst wird die Butter bitter.

Während der Knoblauch gegrillt wird, die Butter mit Thymian, Salz und Pfeffer in eine Schale geben.

Die gegrillten Knoblauchzehen aus der Schale drücken und mit einer Gabel mit den übrigen Zutaten vermengen. Mit Salz abschmecken.

Die Mischung auf Frischhaltefolie geben und zu einer festen Rolle formen. Im Kühlschrank lagern und bei Bedarf verwenden. Die Butter ist ohne Probleme 2 Monate haltbar, aber nur, wenn sie mit einem sauberen Messer angeschnitten wird.

Beilage
4 Portionen
Zeit
30 Minuten

Zutaten
1 kg Aubergine, in 1 cm dicke Scheiben geschnitten
120 g grobes Salz

escabeche
800 ml Weißwein- oder Apfelessig
200 ml Wasser
200 ml Speiseöl
1 TL ganze schwarze Pfefferkörner
1 TL Chiliflocken
1 TL getrockneter Oregano
1 TL Paprikapulver
2 Lorbeerblätter
6 Knoblauchzehen, grob gehackt

berenjenas en escabeche
Eingelegte Auberginen

Escabeche ist eine Konservierungsmethode, die die Spanier nach Argentinien gebracht haben. Man kann fast alles in *escabeche* einlegen, aber Kaninchen und Auberginen sind am beliebtesten.

Die Auberginen schneiden, mit grobem Salz bestreuen und in einem Durchschlag in den Ausguss stellen. Bei Zimmertemperatur etwa 1 ½ Stunden ruhen lassen, um die Flüssigkeit und eventuellen bitteren Geschmack zu entziehen. Die Aubergine ausdrücken und mit einem Handtuch oder Küchenpapier trockentupfen.

Wasser und Essig in einem Topf aufkochen und die Auberginen etwa 2 Minuten darin blanchieren, bis sie weich sind, aber noch ihre Form behalten. Herausnehmen und abkühlen lassen.

Alle Zutaten für die *escabeche* in einer großen Schale vermengen. Die Auberginen dazugeben und darauf achten, dass alle Scheiben mit der Marinade bedeckt sind. Alles in ein gut gereinigtes Glas füllen und mit einem Deckel fest verschließen.

1 Woche im Kühlschrank ziehen lassen, bevor die Auberginen verzehrt werden. Ein paar Monate haltbar.

Salsa
4–6 Portionen
Zeit
30 Minuten
Grill
mittlere Temperatur

Zutaten
3 reife rote Tomaten, halbiert
2 rote Chilis, halbiert und entkernt
1 Knoblauchzehe, gerieben
1 TL frisch gemahlener schwarzer Pfeffer
2 EL Zucker
2 EL Rotweinessig
1 TL Salz

salsa de tomates Salsa mit Tomaten

Wie eine gegrillte Tomatensauce, aber mit etwas Chilischärfe und süßer, als wenn sie aus frischen rohen Tomaten zubereitet wird. Diese Salsa ist ein guter Dip für gegrilltes Fleisch und Gemüse.

Alle Zutaten auf ein Backblech geben. Vermengen und etwa 10 Minuten bei Zimmertemperatur marinieren lassen.

Tomaten und Chilis mit der Hautseite auf dem Rost etwa 20 cm über warmer Glut grillen, bis sie Farbe bekommen haben, aber nicht schwarz sind. Zurück auf das Backblech mit der Marinade legen, um so eventuellen Saft aufzufangen, der noch im Gemüse ist.

Alles in eine Schale geben und mit dem Stabmixer zu einer gleichmäßigen Masse pürieren. Durch ein Sieb passieren und mit Salz abschmecken.

In einem sauberen und luftdicht verschließbaren Gefäß aufbewahren. Im Kühlschrank bis zu 2 Wochen haltbar.

Beilage
6 Portionen
Zeit
30 Minuten
Grill
mittlere Temperatur

Zutaten
1 Zucchini, alternativ *zapallito* (Minikürbis)
½ Zitrone
1 TL Dijonsenf
20 g Parmesan, gerieben
1 Frühlingszwiebel, fein gehackt
½ TL Chiliflocken
1 EL Olivenöl
1 Prise Salz

salsa de zapallito Salsa mit Zucchini

Für dieses Rezept verwende ich feste Zucchini. Wenn sie zu weich sind, haben sie zu viele Kerne und die Salsa wird wässriger.

Die Zucchini im Ganzen auf dem Rost etwa 15 cm über warmer Glut grillen, bis sie Farbe bekommen hat, aber nicht schwarz ist. Gleichzeitig die Zitronenhälfte mit der Schnittseite nach unten grillen, bis sie Farbe bekommen hat.

Abkühlen lassen und die Zucchini in kleine Würfel schneiden.

Die Zucchini mit den übrigen Zutaten in einer Schale vermengen. Den Saft der gegrillten Zitronenhälfte darüberpressen und mit Salz abschmecken.

Salsa
6–8 Portionen
Zeit
40 Minuten
Grill
hohe Temperatur

Zutaten
2 frische Maiskolben

Dressing
14 g Petersilie, fein gehackt
2 Knoblauchzehen, gepresst
2 TL Chiliflocken
1 TL getrockneter Oregano
4 EL Speiseöl
1 EL Weißweinessig
Salz

humita
Mais-Salsa

Dies ist keine traditionelle argentinische Salsa, aber ich mag sie sehr gern zu einem Asado. Wenn der Mais frisch und »feucht« ist, muss er vor dem Grillen nicht in Wasser eingeweicht werden, aber wenn er etwas älter und trockener ist, sollte man dies vorab tun.

Der Mais wird in der Glut gegart und wird dadurch sehr weich und süß. Wenn die *chimichurri* bereit ist, muss man die Maiskörner nur noch untermischen und schon ist die Salsa fertig.

Die Maiskolben in ihrer Schale für etwa 30 Minuten direkt in die Glut mit hoher Temperatur legen. Ab und zu wenden. Der Mais soll weich und gar sein, aber nicht zu viel Grillaromen bekommen (weil der Mais aber ungeschält gegrillt wird, kommt er nicht wirklich direkt mit der Kohle in Kontakt).

Während der Mais gart, alle Zutaten für das Dressing in einer Schüssel verrühren und mit Salz abschmecken. Den Mais schälen und die Körner von den Kolben schneiden, so dicht am Kolben wie möglich, ohne das harte Innere abzuschneiden.

Die Maiskörner mit dem Dressing mischen, solange sie noch warm sind.

Beilage
6 Portionen
Zeit
30 Minuten
Grill
mittlere Temperatur

Zutaten
1 rote Paprika
1 gelbe Paprika
1 grüne Paprika
2 Auberginen
2 TL getrocknete Knoblauch-Petersilien-Mischung, alternativ 2 Knoblauchzehen, fein gehackt, und 3 EL glatte Petersilie, fein gehackt
2 TL geräuchertes Paprikapulver
½ TL Salz
1 Prise frisch gemahlener schwarzer Pfeffer
50 ml Speiseöl
1 TL gepresster Zitronensaft

salsa de verduras
Salsa mit gegrilltem Gemüse

Das Gemüse lässt sich perfekt zubereiteten, wenn fast alles gegrillt ist und man die restliche Wärme der Kohle nutzen möchte. Ideal also, um die Salsa für das Abendessen am nächsten Tag vorzubereiten. Wenn man keine fertige Knoblauch-Petersilien-Mischung bekommt, kann man frischen Knoblauch und Petersilie verwenden.

Das Gemüse direkt in der Glut bei mittlerer Temperatur 20–30 Minuten grillen. Die Aubergine braucht am längsten. Alle 5 Minuten wenden, damit die Schale dunkel und alles rundum gar wird.

Abkühlen lassen, schälen und fein hacken.

Alle Zutaten mischen und mit Salz, Pfeffer und Paprikapulver abschmecken.

Dessert
6–8 Portionen
Zeit
20 Minuten

Zutaten
etwa 1 kg gemischtes Obst, gerne Wassermelone, Honigmelone, Pfirsich, Orange, Erdbeeren, Ananas, Pflaumen, Kirschen, Äpfel
Saft von 2 Orangen
dulce de leche (Milch-Karamell-Creme, erhältlich im gut sortierten Supermarkt oder Spezialitätengeschäft für südamerikanische Lebensmittel)
Minzblätter

ensalada de fruta
Obstsalat

Für diesen Salat sehr reifes Obst der Saison auswählen, das so süß wie möglich ist und viel Geschmack hat. Einige Obstsorten schälen, z. B. Äpfel, Pfirsich und Pflaumen, weil sie ohne Schale im Obstsalat besser schmecken.

Alle Obstsorten in ungefähr gleich große Stücke schneiden. Die Äpfel mit Orangensaft beträufeln, damit sie nicht braun werden. Alles vorsichtig in einer großen Schale vermengen und mit Minzblättern dekorieren.

Mit *dulce de leche* servieren.

Dessert
6–8 kleine Pfannkuchen
Zeit
30 Minuten

Zutaten
etwa 300 g *dulce de leche* (Milch-Karamell-Creme, erhältlich im gut sortierten Supermarkt oder Spezialitätengeschäft für südamerikanische Lebensmittel)
Butter zum Braten

Pfannkuchenteig
250 ml Milch
200 g Weizenmehl
2 Eier

panqueques con dulce de leche

Pfannkuchen mit *dulce de leche*

Dulce de leche ist das Allerbeste, was es gibt! Es ist die beliebteste Süßspeise in Argentinien. Die Pfannkuchen sollten am besten einen Durchmesser von 12–14 cm haben und nicht zu dünn sein.

Das Mehl und die Hälfte der Milch in einer Schale vermengen. Das Ei und die restliche Milch dazugeben und alles zu einem gleichmäßigen Teig verrühren. Etwa 20 Minuten bei Zimmertemperatur ruhen lassen, damit sich die Zutaten besser verbinden und das Mehl aufquellen kann.

Butter in einer Pfanne erhitzen und 12–14 cm große Pfannkuchen backen. Die Pfanne etwas schwenken, bevor sich der Teig setzt, damit die Pfannkuchen gleichmäßig werden. Ein paar Minuten backen, bis der Teig etwas Farbe bekommen hat, wenden und noch kurz weiterbacken.

1 EL *dulce de leche* auf jeden Pfannkuchen geben, aufrollen und mit Obst garnieren.

REZEPTREGISTER

Skirtsteak mit Kräutern 60

San Antonio de Areco

Danke an meine Mama Laura, meinen Papa Beto, meine Schwestern Deborah und Julieta, meinen Mann Fredrik und meine Kinder Frans und Peggy.

Impressum

Titel der Originalausgabe: Asado: Argentinsk Grilling
Erschienen bei:
Natur & Kultur, Stockholm 2022
Karlavägen 31, 114 31 Stockholm, Schweden

Fotografie: Emma Johansson
Lettering Schrift Kapitelaufmacher/Haupttitel Cover:
Julieta Abella

Für die deutsche Ausgabe:
Verantwortlich: Johanna von Pechmann
Lektorat: Susen Truffel-Reiff
Satz: satz & repro Grieb, München
Übersetzung aus dem Schwedischen: Dr. Sabine Blocher
Umschlagadaption: Dominik Günzinger
Korrektorat: Judith Bingel
Printed in Türkiye by Elma Basim

★★★★★

Sind Sie mit diesem Titel zufrieden? Dann würden wir uns über Ihre Weiterempfehlung freuen. Erzählen Sie es im Freundeskreis, berichten Sie Ihrem Buchhändler oder bewerten Sie bei Onlinekauf. Und wenn Sie Kritik, Korrekturen, Aktualisierungen haben, freuen wir uns über Ihre Nachricht an:
Christian Verlag GmbH
Postfach 40 02 09
D-80702 München
oder per E-Mail an
lektorat@verlagshaus.de

Unser komplettes Programm finden Sie unter:

www.christian-verlag.de

In diesem Buch wird aus Gründen der besseren Lesbarkeit das generische Maskulinum verwendet. Weibliche und anderweitige Geschlechteridentitäten werden dabei ausdrücklich mitgemeint, soweit es für die Aussage erforderlich ist.

Die Deutsche Nationalbibliothek verzeichnet diese Publikation in der Deutschen Nationalbibliografie; detaillierte bibliografische Daten sind im Internet über http://d-nb.de abrufbar.

ISBN 978-3-95961-812-0

ACHTUNG!

Auf Campingplätzen sind **Lagerfeuer** oder **Kohle**grills nicht erlaubt. Wenn ihr außerhalb ein Lagerfeuer macht, achtet darauf, dass ihr dafür an einer Stelle seid, an der Feuermachen und Grillen erlaubt ist. Und natürlich solltet ihr das auf keinen Fall im Wald oder an Plätzen machen, an denen Brandgefahr besteht. Habt außerdem immer etwas zum Löschen dabei, zum Beispiel einen Eimer mit Wasser, und lasst die Feuerstelle nie unbeaufsichtigt. Lasst außerdem die Feuerstelle nie glühend oder brennend zurück.